经理人下午茶系列 7

重塑

设计你的职业生涯

《哈佛管理前沿》《哈佛管理通讯》编辑组 编
丁春霞 译

商务印书馆
2005年·北京

Managing Yourself for the Career You Want

图书在版编目(CIP)数据

重塑:设计你的职业生涯/《哈佛管理前沿》《哈佛管理通讯》编辑组编;丁春霞译. —北京:商务印书馆,2006
(经理人下午茶系列)
ISBN 7-100-04645-9

I. 重… II. ①哈…②丁… III. 职业选择 IV. C913.2

中国版本图书馆 CIP 数据核字(2005)第 094965 号

重　　塑
——设计你的职业生涯
《哈佛管理前沿》《哈佛管理通讯》编辑组　编
丁春霞　译

商 务 印 书 馆 出 版
(北京王府井大街36号　邮政编码 100710)
商 务 印 书 馆 发 行
北 京 瑞 古 冠 中 印 刷 厂 印 刷
ISBN 7-100-04645-9/F·575

2006 年 1 月第 1 版　　开本 650×1000 1/16
2006 年 1 月北京第 1 次印刷　　印张 11
印数 10 000 册
定价: 29.00 元

商务印书馆—哈佛商学院出版公司经管图书翻译出版咨询委员会

（以姓氏笔画为序）

致中国读者

哈佛商学院经管图书简体中文版的出版使我十分高兴。2003 年冬天，中国出版界朋友的到访，给我留下十分深刻的印象。当时，我们谈了许多，我向他们全面介绍了哈佛商学院和哈佛商学院出版公司，也安排他们去了我们的课堂。从与他们的交谈中，我了解到中国出版集团旗下的商务印书馆，是一个历史悠久、使命感很强的出版机构。后来，我从我的母亲那里了解到更多的情况。她告诉我，商务印书馆很有名，她在中学、大学里念过的书，大多都是由商务印书馆出版的。联想到与中国出版界朋友们的交流，我对商务印书馆产生了由衷的敬意，并为后来我们达成合作协议、成为战略合作伙伴而深感自豪。

哈佛商学院是一所具有高度使命感的商学院，以培养杰出商界领袖为宗旨。作为哈佛商学院的四大部门之一，哈佛商学院出版公司延续着哈佛商学院的使命，致力于改善管理实践。迄今，我们已出版了大量具有突破性管理理念的图书，我们的许多作者都是世界著名的职业经理人和学者，这些图书在美国乃至全球都已产生了重大影响。我相信这些优秀的管理图书，通过商务印书馆的翻译出版，也会服务于中国的职业经理人和中国的管理实践。

20 多年前，我结束了学生生涯，离开哈佛商学院的校园走向社会。哈佛商学院的出版物给了我很多知识和力量，对我的职业生涯产生过许多重要影响。我希望中国的读者也喜欢这些图书，并将从中获取的知识运用于自己的职业发展和管理实践。过去哈佛商学院的出版物曾给了我许多帮助，今天，作为哈佛商学院出版公司的首席执行官，我有一种更强烈的使命感，即出版更多更好的读物，以服务于包括中国读者在内的职业经理人。

在这么短的时间内，翻译出版这一系列图书，不是一件容易的事情。我对所有参与这项翻译出版工作的商务印书馆的工作人员，以及我们的译者，表示诚挚的谢意。没有他们的努力，这一切都是不可能的。

哈佛商学院出版公司总裁兼首席执行官

万季美

目录

CONTENTS

目录

CONTENTS

引 言

工作世界正发生着变化，过去对职业的定义已被新的职业定义取代。过去，管理人员通常希望通过一条约定俗成的途径，即在同一家公司效命多年的方法“攀登公司的阶梯”。而现在，多数职业人士都希望一生中能有几次更换雇主和改变职业的机会。

人们调整当前的工作或是转变职业的理由不尽相同。比如：

- 对目前工作的一些方面比较满意，在另一些方面却得不到满足感。相信小的变化能使自己的工作变得更有意义。
- 已经意识到自己入错了行，希望转换到一个完全不同类型的工作中去。
- 虽然目前的职业基本满足了个人需求，但公司或行业的新情况迫使自己改变。
- 由于个人在目前工作领域的既得经验和工龄，自己曾经颇为喜爱的工作已变得乏味。总觉得有些事不对劲，但是又不清楚问题出在何处，于是就琢磨着一个小的改变或是大的转换能否让自己再度精力充沛。

- 热爱目前工作，但要继续现有的职业生涯必须掌握新的技能，所以就得考虑是否争取获得那些技能，或者干脆转换职业。
- 喜爱当前的工作，但是和老板的关系不甚理想，或者与团队和公司文化不相融（例如，你是个性格内向容易害羞的人，而所在的集体或是组织又很看重雄心和抱负）。

不管转变职业的动机源于何处，也不管进行的是目前工作的调整，还是寻找另一不同职业，每个人需要把自己看作一个“自由人”。换种说法就是，人们必须不断评估自己在当前工作中得到的满意度和工作的意义，决定哪些改变是必需的，然后实施。不能指望公司主管为我们考虑这些问题，或给我们重新安排工作。更不能期望公司会在我们梦想的职业里给我们提供终身职位。

管理思想家查尔斯·汉迪（Charles Handy）认为，工作中，人们必须担负起被他称作是“意义追寻”的职责。他坚持，意义来源有三：

- 方向感——感觉自己支持的是有价值的事业；
- 接续感——选择的工作对未来的长远发展起着作用；
- 连接感——参加自己认同并能帮助建设的团

体。

一个有意义的职业能在数个方面给人们带来满足感：

- 经济上——提供较为满意的物质生活；
- 精神上——提供挑战并激励个人；
- 情感上——让个人感到工作的意义而且有归属感；
- 切实可行——符合实际需要，例如，工作场所位于特定的地理区域，接近理想的社区设施等等。

查尔斯·汉迪还补充道，意义的追寻需要持续的学习。管理专家彼得·德鲁克（Peter Drucker）也持相同观点，认为管理者必须完全明白自己的特长，以及自己在组织里可以发挥的作用。而且，必须不断考虑自己下一阶段的学习内容，以胜任新的职责，而这些新职责可能属于、也可能不属于目前的工作框架。

也就是说，管理和建立自己的智力资产，并且为新的挑战作好准备，这是个人的责任，而不是公司的责任。为了这些责任，需要开发既有思想性、又忠于自我的评估能力，关注下一步可能的职业发展阶段，并保持学习新观点和新技能的态度。

持续学习有利于改善当前的工作生活，也有利于追求更好的职业。持续学习还能使个人所在的公司受益。优秀团队的成员，一般都能从工作中获得极大的满足感、挑战感和成就感，并能感到工作的意义。试想一下：如果一个不热爱工作的人，怎么可能把工作做到最好！相反，如果人们热爱自己的工作，就能为公司创造价值。热爱工作的管理者和员工一般具有这样的特点：

- 在工作中投入极大精力；
- 总是"多走一米"，不管这多走的一步是多么辛苦；
- 热情迎接新的责任和挑战；
- 为公司以及公司目标奉献自己；
- 为自己在工作中的表现而自豪；
- 在组织中有集体感。

很明显，能够定义并找到适合职业的能力是影响自己生活质量和公司前途的关键因素。

那么作为一个管理者，该怎样评估自己的职业，又该进行怎样的改变呢？专家建议，不要在离开岗位后（或者正痛苦挣扎在已经显得乏味的职位上）才开始计划未来的职业发展。此刻就应该作这些考虑：已经发现的最具满足感的工作是什么？为自己关注的职业方向需要作哪些改变？

不管是决定调整目前的职责，还是完全改变职业，专家们一致认为：任何形式的职业改变都需要勇气、时间和耐心，最忌一意孤行。从开始计划，到实施改变的过程中，需要继续建立人际关系网络，并磨炼交际能力。还需要教练的帮助，请求正在积极管理自己职业的其他人的支持，而且还要透彻地了解能影响，甚至断送个人职业生涯的职场政治。

这一栏的内容为职业管理的四个主要方面提供了颇有价值的建议：

- 理解新的工作世界；
- 探索新的专业定位；
- 调整目前的工作职责；
- 掌握人际关系网络。

理解新的工作世界

以前的职业模式，即一步步攀登企业金字塔的旧模式，正在迅速瓦解。管理职业，需要熟悉工作领域中出现的新模式。在“21世纪的职业模式”一文中，吉姆·布瓦洛(Jim Biolos)描述了过去几十年间发展而来的五种职业模式。他解释道：“追求这些模式的人，不仅包括大公司里的各级管理人员，也包括企业家、咨询师和个体经营者。但是多数人可能不会意识到，事实上他们已经采用了其中某种模式。”

这五种模式包括：

- **专家** 用自己的专长来定义职业。他们致力于某一特定领域的专业技术，比如直销。
- **传统主义者** 为"高级管理职位"而奋斗，掌握着跻身于高层管理队伍需要的政治动态。
- **组合管理者** 追求包括不同工作经验、技能以及成就的人生航程。通过在不同阶段为不同公司工作来实现这个目标。
- **计划型企业家** 为大中型组织工作一段时间，目的在于积累经验技能，并最终创办自己的公司，一般选择相关行业。
- **自发型企业家** 对某个想法突然迸发热情，并能牺牲稳定工作的安逸，去开创自己的事业。

体现任一新模式的管理者，都能自如地在公司内或者不同公司间重新打造自己的职业。他们是自由人，依靠自己的技能和专长，而不是依赖公司，为自己的职业定位并获得保障。正如在"新型员工要求新型管理者"一文中，苏珊·古尔德(Susan Gould)坚持认为的：

自由人在很多方面都督促着自己所在的公司：他们将怎样学习新的技能才能在未来的市场上更具竞争力；怎么使全球性往来团队真正实现；怎样掌握现有的技术和即将到来的新技术；以及他们的业绩将被怎样全面而合理地得到奖赏。

自由人还向管理者以及组织发出了新的挑战。例如，他们必须决定该忠实于自己的专业还是忠实于所在的公司。而且他们需要不断寻找自身发展的途径，以避免自己在瞬息万变的工作世界中变得陈腐。为此，组织必须设计新的组织结构，例如小型的实体，这样就能对员工和顾客的需要作出快速反应。时间将见证个人和公司如何迎接这些挑战。

探索新的职业定位

不管是机会，还是环境驱使管理者考虑工作改变，如果有灵活且经过周密思考的方案就能实现成功的转变。在“通向更满意职业的十步曲”一文中，丽贝卡·M.桑德斯（Rebecca M. Saunders）描绘了一张很有帮助的线路图。开始时，需要控制因想到改变而产生的担忧，并就此开始行程。把目前工作作为切入点，并设想可能的“梦想工作”。一直往前走，建立人际关系网络，衡量改变工作的正反两面，并且积累新岗位需要的培训和经验，届时就可以充分体现自己的价值。

但在“改变职业，改变自己”一文中，埃米尼亚·伊瓦拉（Herminia Ibarra）警告道，不要太依赖于自我评估和自我反省。她发现，最成功的职业转变，往往交织着“一个在行动中、混乱中‘尝试—错误’学习的过程，此过程中，当时当地的经验有利于自己思想的发展，帮助判断哪些是可能的，而且是自己想要的职业”。伊瓦拉建议，大胆尝试自己期望从事的其他职业，并利用由此获得的经验了解“多个可能的自己”。

怎样实施伊瓦拉描述的尝试—学习的方法呢？有些人参加行政管理培训，或者度一个长假期，探索新的选择。有些人和他们尊敬的教授一起做业余项目，或是参加能帮助发现新职业可能的志愿工作。还有些人在工作中要求“弹性”任务，以体验潜在的职业可能。这些方法建立了一个“不同规则不同公司组成的特定时间段”。这些经验能让个人在相对安全的环境中“尝试可能的自己”，并发现是否存在合适的位置。

如果正在“尝试”管理者的角色或者正在考虑这样做，“成为管理者的必修课”这篇文章会有所帮助。作者琳达·希尔（Linda Hill）解释道，由个体贡献者转变而来的管理人员必须经历一个艰难的过渡时期才能找到新的定位。在先前的个体贡献者这一角色中，人们只对自己的表现负责。而作为管理者，他们必须开发他人的技能，并通过直接报告和监督完成工作。这样，“任务行动者”就转变成了“人力开发者”和“关系建立者”。很多新的管理者虽然有职业辅导的帮忙，但还是很难适应这个新身份。

在“志愿工作中的职业收获”一文中，戴维·斯托弗（David Stauffer）探讨了尝试其他职业的特殊途径。他认为，志愿工作“为获取技能和经验提供了机会，而这些技能和经验能转变成更大的商业成功和职业收获”。斯托弗列举了很多志愿工作的好处，包括学习更多的管理途径、掌握工作需要的新技能，以及扩展专业定位。他同时也发出了一些警告，比如在志愿工作中需要避免透支，而且对时间、金钱和努力等方面不要期望太高。

正如志愿工作，接受海外职位也是应用尝试—学习方法的途径。但是国外职位也有着独特的挑战性。举个例子，很多在国外工作的管理者家属很难适应陌生文化。在“应该接受海外工作吗？”一文中，吉姆·比林顿（Jim Billington）建议，在决定接受海外职位前先问自己四个问题：1）公司真的看重国外经验吗？2）所在的行业确实注重国外经验吗？3）自己到底有多想去国外工作？4）家人能适应陌生文化吗？

转换目前的工作角色

管理职业并不意味着一定要改变工作。管理职业通常包含的意思是改善目前的工作状况，为此，可以建立新的目标，更有效地管理时间和精力，更有成效地处理职场中的情绪问题，或者更好地与上司相处。事实上，任何理性的调整都能把不那么满意的工作转变成既有满足感又有意义的工作。

在“你为高级管理教练作好准备了吗?”一文中,蒙西·J.威廉斯(Monci J. Williams)介绍了为建立和实现新的目标,管理者与教练间需要进行的合作。她指出,教练“能对管理者的表现产生真正的影响”。多数“被培训者”接受教练的过程,包括目前工作状况的评估,新目标的建立,以及与教练“三个月到一年不等的会面”。

虽然教练能帮助管理者作些必要的工作改变,但是威廉斯建议,与教练合作时要仔细考虑保密这一问题。如果是自己掏钱聘请教练,那么可以无所顾忌地与教练讨论任何事。但如果是公司聘请教练,那么:

> 关于教练将告诉给上司的谈话内容,要事先取得一致意见。能够共同分享的信息包括:已经设定的目标,是否出席已定下的约会,朝着目标所做的努力,和取得的进步。不合适汇报的内容包括个人问题,例如抑郁和婚姻问题。

正如确定新目标,管理时间和精力也能极大地改善工作和生活。“给疲劳过度的高级管理者的帮助——怎样管理高度紧张”一文揭示了当今管理者正经历着的“全新疲惫状态”,这得归咎于正在改进的技术、全球化趋势,以及商业领域里的其他改变。工作目标变得更难达到,管理者扩大了管理范围,甚至进行24

小时的工作。结果呢？自然是感到压力过大、无助而且愤世嫉俗。

但是，即便是最忙的管理人士也能采取措施控制"高度紧张"。例如，很多人做放松练习，或者冥想，每天至少一次，以此来调节紧张的生活。另一些人"则在不同约会之间安排足够时间，为不可避免的会议或旅途延误作好准备，否则这些都能产生惊慌"。幽默感能帮助舒缓紧张的神经，"心智时间"也有相同作用，指定一段时间，禁止一切工作干扰。然而，平息高度紧张情绪的关键是要拥有一个运作顺利的团队，这表明了管理者能自信地给成员安排任务。

正在努力改善工作的管理者请注意，"提高情商"这篇文章把管理情感也列为管理者的必要技能之一。根据丹尼尔·戈尔曼(Daniel Goleman)的观点，"EQ"(情商)就是阅读他人情绪、传递情感并与其他人相处的能力，在工作中 EQ 能比 IQ(智商)发挥着更大的作用。毕竟，"如果我们不能管理共同工作中的人为因素，与信息相关的智力和技能也只能有限地被使用。"

为提高情商，必须通过建设性的内心对话管理情感。比如，当老板在某个会议上枪毙了你的想法，你自己依然认为"我的想法是好的"。要明白自己的"情绪点"，即明白自己对工作生活中的人和事件会作出怎样的反应。并且培养共同感，即读懂别人情绪的能力。这样做的好处是什么呢？就如戈尔曼的解释：

> 具有灵活社交情商的人能与他人进行沟通……(读懂)他人的反应和情感,能够进行领导和组织,并能处理分歧……他们是天生的领导者,他们能表达未被说出来的集体情感,并清晰地将其表述出来,能领导一个集体向着目标前进。

"管理上司的基本原则"和"你正被迫走向失败吗?"两篇文章提出了怎样与老板改善关系的建议,并以此调整目前职责。不理想的上司与下属关系会使有趣而富有满足感的工作大打折扣。为培养相互信任的良性关系,管理者需要明白老板对商业世界的看法。老板是雄心壮志,还是只有适度的目标?老板会被工作勤奋的员工激励,还是会感到受威胁?如果不能与老板讨论这些问题,就需要与了解老板的供应商、顾客和其他员工谈谈。

并且,还要用老板喜欢的风格与之交流。老板想要的是书面报告还是口头表述?注重日常运作中的高度投入,还是更看重授权方式?

最后,请注意"被迫走向失败"综合症,在这个综合症里,某个意外不幸事件(一个错过的约会,一个失去的客户)都有可能使上司质疑直接负责人的表现。如果上司对个人进行非常具体的管理,那么这个人就会怀疑自己,结果犯下更多错误,而这就验证了上司最初的怀疑。如果发现自己正处于这样的职场综合症，需要与上司就目前状况进行一次谈话，以逆转局面。找出到底“错在哪里？上司希望你完成什么任务？希望在什么时候完成？”然后，设法完成这些任务，以证明自己已兑现承诺。

把握人际关系

不管是改变工作，还是改善目前职责，他人的帮助必不可少。人际关系和教练对任何想改善职业的人来说都是最关键的资源。

“害羞的人能学会运用人际关系吗？”一文讲述了一位高级管理者视人际关系为“闲谈”，而且对之非常反感，专家给这个虚构人物提出的建议，对任何管理者来说都值得借鉴。例如，埃米尼亚·伊瓦拉建议管理者要尽可能地建立多样化的人际关系网，而且要记住，人际关系是“给予和接受”的双向关系，而不是单方面地接受他人的帮助。朱迪·罗斯玛丽(Judy Rosemarin)建议，为理性的职业决策收集信息时，必须非常清楚自己设法与某人建立联系的原因。她还建议，最初可以与自己容易相处的人建立关系，然后再把关系网延伸到那些自己感觉不是那么舒服的人。

在“你真的为建立人际关系作好准备了吗？”一文

中，苏珊·G. 帕克（Susan G. Parker）建议，可以参加正式的人际关系协会或是俱乐部。虽然，这样的团体不尽相同，但它们具有很多相似点。比如，为消除成员的竞争，可能只允许每个行业的一个代表参加。很多俱乐部每周或每半月聚会一次，而且有正规的运作规则。并希望成员积极地向彼此推举他人。帕克在文章中解释了怎样寻找适合自己的人际关系协会，以及怎么在这样的协会中做到既有付出又有收获。

正如在关系网络、教练关系中，经验更丰富的个人也能给新手提供建议和支持，这也成了职业管理的一个重要目标。在“约见新的教练——这是一个关系网络”一文中，吉姆·比林顿建议，管理者需要与三种不同类型的教练培养关系：1）公司内部教练——在自己组织中的某个人，可以和此人就公司、行业及其文化问题交流意见；2）专业教练——一个掌握着自己所在领域专业技能的人，而且此人喜欢教导别人；3）职业教练——这个人就是 10 年或 20 年后你想成为的人，而且此人“代表了你定义的成功，而且他在职业中的成就你能正确地效仿”。

在个人与教练的关系中，需要注意的一点是，这种关系是相互的，即使自己在公司内职位低于教练，也要掌握着对教授关系有用的知识，就如教练对公司历史或决策的了解对你有所帮助一样。

本书的最后一篇文章“身处继任岗位”探讨了在定

义和争取下一职业时必须理解和把握的政治局势。作者丹·西恩帕(Dan Ciampa)和迈克尔·沃特金斯(Michael Watkins)引用了成功的职业管理需要的一系列政治技能。例如：

- 对自己理想工作起着关键作用的人，要与之建立良好关系。
- 帮助同事成功，这将有助于建立日后有用的“关系资产”。
- 处理对公司关系重大的问题，也将帮助建立个人信用及个人专长。

虽然西恩帕和沃特金斯探讨的是高级管理者在争取 CEO 职位时面临的政治现实，但这些建议对任何正在计划下一步职业发展的人都很有帮助。

毋庸质疑，为理想工作管理自己是个高要求的工作。但是只要理解了职业变化这一本质，明白怎样改善目前的工作状况，并且掌握人际关系网络，就能更好地定义并争取合适的职业。个人和公司也将从中受益。

第一部分 理解新的工作世界

过去职业的定义主要围绕着攀登公司阶梯这个模式，根据这一模式，身在职场的人们必须在同一家公司奋斗多年，以求得职业的进一步发展。但是职业的定义正发生着变化，现在，人们很可能希望在其工作生涯中数次更换雇主并改变职业。而且人们必须依靠自己而不是雇主，去开创自己的事业。

这部分的两篇文章清晰地阐述了新的工作世界。读者可以在这部分了解近年来的五种职业模式，并理解“自由人”这一概念的潜在含义。自由人，即依靠自己的技术、专长以及自我意识，定义并获得富有意义且具职业满足感的人。

1. 21世纪的职业模式

吉姆·布瓦洛

Jim Biolos

1. 21世纪的职业模式

吉姆·布瓦洛

至少有3 100种不同的职业指导书在美国书市上争夺一席之地。它们涉及的范围包罗万象,包括从怎样制作一份更好的简历到怎样确定职业定位。问题是,多数这些书谈的还是以单一的、正在迅速被淘汰的职业模式为前提,即一步步在公司中获得升迁的旧模式。公司层级金字塔已不同于从前,技术和竞争正在把这些旧金字塔压缩成更平坦的结构。因为职业也已经发生了变化。

现在,职业道路的整个概念,尤其是直线向上发展的职业概念已遭到质疑。正如威廉·布里奇(William Bridge)在《职业变化》(*Job Shift*)一书中论述的,朝九晚五的职业将不会再是我们工作的主要模式,所以专家们也开始探索新的职业定义。在此过程中,他们借鉴的是很多已在非传统职业模式上打拼的人的实践经验。

查尔斯·汉迪(Charles Handy)在《矛盾年代》(*The Age of Paradox*)里提出的可能是最宽泛的职业定义,即追寻工作中个人作用的意义。这位德高望重的英国人认为只有那些在工作中能发展方向感、接续感和连结感的人才能找到工作的意义。根据他的解释，方向感就是对事业的追求。接续感指选择的工作对未来长久发展起着作用，即使在转变职业之后也如此，这就像是遗产具有延续性。连接感可以通过个人认同或者通过团队建设来获得。上述令人拍案叫绝的职业指导，却并不总是最容易付诸实践。

但是对管理人士的一个暗示却是清楚的：追寻工作中个人作用的意义要求一个不断学习的过程。彼得·德鲁克(Peter Drucker)认为新经济下的管理者要完全清楚他们自己的特长是什么，以及他们在组织中起的作用是什么，为承担新的职责他们需要学习的又是什么，这个新职责可能属于也可能不属于目前的工作框架。一旦了解了这些，管理智力资产就成为个人的责任，而不是任何组织的责任，人们应当继续拓展知识，以适应管理中的新挑战。如果能发展有益且持久的自我评估能力，关注职业生涯下步可能的发展阶段，并且保持学习新概念和新技能的态度，智力资产最终将发挥极大的作用。

个人追求的职业性质决定着下一个可能的职业阶段，以及为此需要拓展的新能力。不要让自己的思维局限于传统的爬阶梯的升迁模式。我们已经发现了至少五种职业模式，包括几个经典模式以及在过去几年间刚刚发展而来的新模式。前面三个模式主要建立在迈克尔·德赖弗(Michael Driver)和肯尼思·布鲁索

(Kenneth Brousseau)这两人的研究基础之上，迈克尔是南加州大学商学院(the USC School of Business)管理学教授，肯尼思是决策动力学小组(Decision Dynamics Group)合作管理者。追求这五种模式的人，不仅有大公司里的各级领导，也有企业家、咨询顾问和个体经营者。但是，多数人很可能没有意识到他们事实上已经采用了这些模式中的一种。

专　　家

往往听某人讲一两分钟的话，就能辨别这个人的职业。这个人经常是以他所精通的知识来定义自己，并且把工作生活集中在专业知识的构筑上。追求这种模式的人对一般的管理职责不太感兴趣，只是把它们作为有重点的知识积累的一部分。在组织内，这样的人可能是一线的营销专家，例如，他会不断地磨炼自己以便更有效地与人接近，但是对市场的其他方面却兴趣不大。在组织外，可能某个公共关系咨询顾问能更恰当地协调公司内部交流，处理危机，并帮助客户实施有效的公共管理。在这两个例子中，主要的职业策略就是积累、磨炼并实践已经掌握的某一领域的知识或是技能。德赖弗强调说，专家通常会受需要驱使，既为了获得自身保障，同时也为了构筑专业知识。

传统主义者

组织中有些人为高级管理职位而奋斗，他们有着较好的政治敏感度，努力攀登通向高层管理职位需要的职业阶梯。怀着对成就或是权利的渴望，这样的人似乎可以为了找到组织成员的归属感，并期望自己能在组织内部实施巨大影响而奋斗拼搏。在职业变化和不确定时期，一步步向上攀登阶梯的稳固直线模式，以及各阶段明确定义的职责，使这个祖辈传承的传统职业模式显得极具吸引力。

另一方面，攀登行政阶梯也是件冒险的事，尝试者大大多于成功者，将来依然会是这样，而且只会变得更具冒险性，因为当组织结构变得更加平坦时，阶梯的数量以及高层职位的数量就减少了。在这个模式上付出的努力，相对其他几个模式而言，要更大，成功取决于组织并且还要符合组织的标准。这个模式也要求培养良好的政治悟性，但很多管理人士对此并无多大兴趣。

组合管理者

与投资证券管理者不同，组合管理者追求组合职业，包括不同工作经历、技能和成果。作为较新职业模式中的一个，它利用了组织结构、就业需求和合作工作环境中的一些基础变化。组合管理者通常被个人成长、创造力和一定程度的独立愿望所激发，重点是在继续学习上，但比专家的学习范围更广。

一个很好的例子是关于一位在制鞋行业工作的女士的，她从零售店里卖鞋开始了职业生涯，几年后，她转去了一家制鞋厂做库存管理工作，因为她认为这个工作能让她在企业环境里积累经验的同时还能学习商业细节。三年之后，她又转去了另一家制鞋厂作产品开发，在那里，她把自己所学的鞋子设计专业知识和所积累的销售经验结合起来，帮助雇主建立了一条生产线。她的职责包括管理生产鞋的海外工厂。她很清楚自己在这个公司也待不了几年，并开始准备考虑下一步可能的职位。同时，她还利用在该行业积累的广泛知识，为创办自己的公司创造可能性。

这位女士在每个职业阶段给不同的公司工作，建立了自己的职业组合，而且现在，不论是应聘她目前所在公司还是其他公司的高层职位，她都极具竞争力。专家可能会对她缺乏专业技能而嗤之以鼻。传统主义者可能会把她的横向职业发展模式视为没有目标。但是她自己知道，她在运用自己的热情计划自己的未来，而且在每个阶段都学到了新的技能。

在为新近毕业的 MBA 们设置的管理培训课程上

传播一些组合管理模式的信息，就能让 MBA 们尝试我们所做的每件事的滋味。然而，成千上万的管理人士事实上已经在为组合职业乐此不疲，他们可能在某个组织内，也可能是单枪匹马地干，但这点却很少被人注意。组合管理者一般能够寻找机会学习公司某个生产线的方方面面，包括怎样生产、销售、供给资金，以及怎样做好服务并且开发下一代改进产品。或者组合管理者可能是对企业某个运作的各个方面感兴趣的人，例如，先学习市场营销，而后又在财务上花时间学习。或者，有可能是个超越了组织范畴的人力资源管理顾问，用几年时间致力于素质开发方面的咨询后，转向了绩效管理方面的咨询。

事实上德赖弗和布鲁索两人提出了组合管理者的两种类型。第一种类似于上面所述。第二种采用的是组合的方法，但是职业转换的新领域一般与原领域是互不相关的。追求这类的人寻求的是变化和独立，而且一般不认为他们自己有固定的职业。

计划型企业家

《华尔街日报》(*The Wall Street Journal*)以头版报道了一个名叫韦斯利·斯特曼(Wesley Sterman)的企业家，此人花十年时间在大学开发创办自己公司所需要的技能，事实上所指的就是在过去十年间发展而来的一个职业模式，但这个模式直到现在才被人们所注意，而且获得了广泛认可。

计划型企业家通常在大中型组织中，而且可能为期不短，但他们总是着眼于运用自己在组织中积累的技能去创立自己的事业，一般是在相关的或是相近的行业。他们常常会谈起“想单独干点什么”的意图。有些人可能还没有确定想做的究竟是什么，但有些人已有了明确的目标而且开始步步为营。

虽然这样的人并不打算在公司长久地干下去，但却是公司的一笔巨大财富，他们会奉献自己几年的热情和努力。但是很多人还是不情愿对老板信誓旦旦，因为给组织一个不能长久的承诺在很多行业内视为严重的错误。多数公司也没有完善的管理系统和人力资源去满足这些人的需求，在员工规模为中等的美国公司内，跳槽去追求这类模式的人将会越来越多。

自发型企业家

想想理查德·布兰森（Richard Branson）、比尔·盖茨（Bill Gates）和迈克尔·戴尔（Michael Dell）这些人，他们是自发型企业家。可能这个模式最容易辨认，但是它却没有那么强的计划性，往往也不会跟“职业”这个词联系起来。追求这个模式的人对某一想法的热情足以使他们牺牲其他模式所能提供的舒适。

组织内可能潜伏着一些自发型企业家，而且随时能够出现，但是多数这些人早已意识到他们注定要创立事业——他们自己的事业，而且他们不是特别看重现有组织能够为自己提供的创业准备。

把职业更多地建立在职业新的思考基础上，是因为我们意识到在这个尺度上我们有更多的选择。彼得·德鲁克曾经指出，由于人类寿命的延长，现在很多人能期望的工作时间可以达到 50 年以上，可见这些不断改进的机会足以使我们拥有多个职业。汉迪认为 50 岁以后的“后—高级管理者”职业是很有可能的，但对此还没有明确的定义。部落文化和宗教制度对年老者有着明确的界定，并从他们那里获得巨大价值，而商业世界与之不同，它还未能成功地利用依然能作很多贡献的前任高级管理者。

事实上，单从 50 岁之前、50 岁之后的方式来考虑职业未免简单化了。组合管理者的职业模式反映的就是 4～5 个单独却又相互关联的职业选择，每个职业在工作生涯中持续 7～10 年。另外，有些管理者会用其一段职业生涯追求专家模式，但又会用 15 年时间尝试自发型企业家。50 年以前，我们中没有很多人会有这样的机会。

参考阅读

The Age of Paradox by Charles Handy (1994, Harvard Business School Press)

"Career Pandemonium: Realigning Organizations and Individuals" by Kenneth R. Brousseau, Michael J. Driver, Kristina Eneroth, and Rikard Larsson (*Academy of Management Executive*, November 1996)

"Ideas Sire Many Entrepreneurs, But Some Follow Career Plans" by Stephanie Mehta (*The Wall Street Journal*, February 19, 1997)

Job Shift by William Bridges (1994, Addison-Wesley)

"The Post-Capitalist Executive: An Interview with Peter Drucker" by T. George Harris (*Harvard Business Review*, March-April 1993)

2. 新型员工要求新型管理者

汤姆·布朗

Tom Brown

2. 新型员工要求新型管理者

汤姆·布朗

瞬息万变的市场、企业间的兼并，以及对利润的空前追求使过去的管理理念显得落后。伴随着企业的动荡不定，或许也正因为这些动荡不定，一个新的管理模式正在形成。正在发展的新型员工队伍和管理者队伍正在重写管理条款，在这些条款下雇主和雇员将得到共同发展。

“在20世纪90年代，很多公司已经在为创造更好的工作场所做力所能及的事，例如一些公司制定了弹性上班制并创造了良好的工作环境，”《自由人——员工和组织正在创造一个新的工作环境》(*Free Agents: People and Organizations Creating a New Working Community*)一书的合著者之一，苏珊·古尔德(Susan Gould)说：“现在，解决管理最难症结的方案正在被一部分人塑造成型，而这部分人对雇员或管理者的理解完全不同于传统的定义。”

自由人

“作为一个自由人，”古尔德认为，就要意识到“需要依靠自己的技能和专长，而不是依靠公司，去确定自己的定位并加以巩固。作为一个自由人，还需要一个能让自己发挥能力并保持优势的工作场所”。自由人不同于标准意义上的“公司员工类型”。自由人顾虑的不是攀登公司阶梯和应付麻烦的职位等级，自由人也不是怀着对终身职位的信念，并专注地探究职位描述的真实性，自由人规划的是完全不同的日程。

“我看到过很多这样的例子，”古尔德继续说，“员工给公司施加压力，向公司询问怎样学习技能才使自己在今后的市场上更具竞争力，怎样使全球性往来的团队良好地运营，怎样掌握现有的和即将出现的新技术，以及他们的工作业绩将怎样得到公正的奖赏。”

美国钢铁公司(U.S. Steel)人力资源管理和招聘主管，尤金·哈里斯(Eugene Harris)说，这种新型的大胆上进态度“正在督促我们这些管理人员不断地改进已经掌握的技术。通过各种途径，如在教室听课，或是通过光盘自学，或是参加在职培训，来不断地了解公司和市场的各个方面。但这个压力是良性的，是那些富有激情、有兴趣、有能力且受过良好培训的人都会有的”。

当然自由人并不满意现状。为各大报社和 www.abcnews.com 网站撰写“工作创伤”专栏的辛迪加记者，鲍勃·罗斯纳（Bob Rosner）估计，他每周的读者达到 600 万，其中有 50～100 人每天给他写建议，他说“回忆 1997 年与读者的通信，发现那时确实存在一些主要问题。给我写信的读者都对办公室政治感到厌恶，迪尔伯特（卡通人物。——编者注）强烈地讽刺了傻瓜式的工作环境”。

已把其通信记录编撰成《工作创伤——对伤害的剖析》（*Working Wounded: Adding Insight to Injury*）一书的罗斯纳说：“但是，现在的员工也扩大了其对公司忠诚度的范畴，他们会考虑自己是要更忠于专业，还是更忠于公司？怎样增加自己的那份公司收益，以及怎样阻止自己变得愚钝。”

应当怎样调整组织结构？

乔治华盛顿大学（George Washington University）管理学教授兼《无限资源——创建和领导知识企业》（*The Infinite Resource: Creating and Leading the Knowledge Enterprise*）编辑威廉·E. 哈拉尔（William E. Halal）指出，事实上，人们在工作中形成的热情与未来运作全球性企业所需的热情完全吻合。“为了明天的竞争，公司结构应是较小的半商业化的，这样才能对客户作出更快的反应，因为这些客户本身也处在更加复杂和无序的商业环境中。如果要使员工对职位和任务感到满意，那么该职位和任务必须具有短期效应，要求忠诚但不长的承诺，可以马上评估业绩，而且允许员工比过去更自主，所有这些对公司新模式的建立都非常必要。”

管理者应该怎样反应？

“20 世纪 70 年代和 80 年代的管理模式不再是将来需要的模式，”曾在 3 家世界 500 强企业任职的人力资源主管、孟山都公司（Monsanto）的现任国际人力资源总监唐娜·马丁（Donna Martin）如是说，“过去，管理者的权利来自于他们了解的人、他们了解的东西以及他们的职位和头衔。”但现在为了能“帮助其他人经受住当今世界的不断变化，”她补充说，“管理者不用告诉员工他们需要做什么，而要开始问这样的问题，如，‘你是怎么想的？’和‘我们应该怎样完成这个任务？’”

倾听变得至关重要

马丁认为，很多习惯发号施令的管理者事实上有一个很大的提高机会。"管理者必须学习怎样倾听别人,怎样坦诚地对待他人,怎样对人表示尊敬,甚至在某种程度上应该学习屈服于他人。这是未来工作场所中要求的管理技能。我可以列举一些在这些技能上做得非常出色的老一辈管理者;我也能列举一些迫切需要开始这方面学习的年轻管理人员。"

有理由说,正在迅速向管理人员以及普通员工发起挑战的是一个建立在"会员制"基础上的组织模式,在这样的模式里,每个人做的事情都与其他人联系起来,所以使用新方法进行管理成了共同需要。《会员制组织——利用新型工作团队获得顶级表现》(*The Membership Organization: Achieving Top Performance Through the New Workplace Community*)的作者简·塞林(Jane Seiling)认为:"现在,任何处于管理职位上的人都要意识到,总有不同的声音需要他们去倾听。组织里,不管是年老的还是年轻的,总会有人想与他人分享知识和经验。为了获得成功,管理人员必须接近这些人,但是也不能贸然行事,除非他们愿意倾听组织中的每个人的倾述。"

分享权利

塞林发现,她认识的一些最优秀的管理者为寻求发展,长期地改变着自己作为雇主或雇员的位置。"我想到一个管理者，53岁，目前在一个公共事业单位进行打破常规的改革。他曾经跟我说，他真的不想因下属不愿服从命令而眼看着自己的管理生涯结束。”

“他坦言，自己也不想被踢出办公室。他意识到首先需要改变的是自己。正如很多负责新工作环境的管理者一样，他发现如果给他人越多的领导权，他自己就越会被视为领导；他花越多的时间教导别人，他自己学到的东西就越多；而且他越是帮助别人获得成功，他自己的团体就越有希望取得成功。”

领导方式的改变

塞林从经典含义阐述了管理人士有所改变的必要条件。管理人士要在现有的职业生涯中得到发展，必须培养五方面的技能：发现不同的现实、说出别人不敢说的话、挑战现状、预测未来以及敢于承担貌似不实际的风险，换言之，就是敢于以不那么令人信任的形象出现，因为他们正努力创造的是与众不同的工作环境。“与传统的管理模式相比，这是个很大的转折，”塞林说，“当今一个优秀的管理人士必须倾听、影响、合作、联系甚至是有效地压抑自我。”

现在，管理者必须学着去发现不同的现实，说出未被说出来的话、预测未来、敢于承担貌似不实际的风险。

创造令人满意的工作环境的秘诀

有了新型的员工、新型的管理人员以及新的工作环境，是否就可以认为每个人都快乐。虽然在过去20年里，组织处于不断的变化中，但是也存在很多适应性很强的员工和管理人员。马莎·芬尼（Martha Finney），一位经验丰富的商业作家，给自己定的一个人生目标是向那些能从工作中找到乐趣的人学习。她驱车环游美国，拜访了很多不同的人，包括在规模不等的公司中工作的人，在非营利机构工作的人，也有的是个体经营者，但所有这些人都感觉到，从事目前的工作就是在充电。“对这些人的相似点进行总结还为时过早，”芬尼说，“但有些‘事实’已是一目了然。首先，面对生活中的一切改变和困难，能在工作中找到乐趣的人始终能诚实地坚持自己的个人价值。如果他们的乐趣是在与他人一起工作中寻找到的，他们也会对此表示肯定。第二，他们不会在困难时刻垂头丧气。逆境从来都不会成为他们停止追求自己想要的生活和工作的理由。第三，这些人认为，他们目前从事的工作是完全而且是特别为他们自己设计的。每个人感到‘职业召唤’的驱使。”

以目前工作发展趋势而言，管理人员必须成为一个协调者而不是指示者；团队参与者，而不是团队指挥者；交流者而不是发号施令者。对现在每个管理者以及将来可能成为管理者的人来说，主要的问题是，你是被召唤到去做那个工作的吗？

参考阅读

Find Your Calling, Love Your Life by Martha Finney and Deborah Dasch (1998, Simon & Schuster)

Free Agents: People and Organizations Creating a New Working Community by Susan B. Gould, Kerry J. Weiner, and Barbara R. Levin (1997, Jossey-Bass)

The Infinite Resource: Creating and Leading the Knowledge Enterprise edited by William E. Halal (1998, Jossey-Bass)

The Membership Organization: Achieving Top Performance Through the New Workplace Community by Jane Seiling (1997, Davies-Black)

Working Wounded: Adding Insight to Injury by Bob Rosner (1998, Warner Books)

第二部分

探索新的职业定位

正如职业的定义发生了变化，改变职业的策略也发生了变化。这部分的作者建议扩大传统的职业转变途径，判断自己想做的事情，然后寻找理想工作，这无疑是一个无经验可循的过程，被称为试验—学习法。

利用这个策略，尝试自己想追求的其他专业定位，例如，可以着手一些业余项目，在长假期中培养新的兴趣，参加培训课程，或者进行一些能"尝试"不同"自我"活动。

在这些文章中，将学到实现管理定位的策略，而且还能了解到，参加自愿工作，或接受公司海外任命，都有利于对新职业的洞察。

1. 通向更满意职业的十步曲

丽贝卡·M.桑德斯

Rebecca M. Saunders

1. 通向更满意职业的十步曲

丽贝卡·M. 桑德斯

或许你一直想改变目前所在的行业或专业。或许你希望能再做些别的事情，生活在别的地方，或者为不同类型的机构工作。那么，现在就行动起来，而不要一味地梦想。据总部设在波士顿的职业管理公司的德雷克·比姆·莫林公司(Drake Beam Morin)报道，在目前极度紧张的劳动力市场下，公司更愿意考虑正在进行职业转变的应聘者。即使目前还未作好跳槽的准备，也应该开始作些相关计划，因为人们永远不能确定当前的工作将持续多久。千万别等到失业后才开始计划。埃尔伍德·N. 查普曼(Elwood N. Chapman)在其《真实面对未来》(*Be True to Your Future*)中描述的“计划 B”，即，对目前工作(计划 A)失去兴趣甚至是丢掉该工作后，马上就能找到一个周密策划的“计划 B”。

不管职业转变是由机缘还是环境使然，成功的转变需要一系列的步骤。

不要被新的想法吓倒

查普曼说，当人们思考或是讨论计划B时，总是会被自己吓倒。他们害怕计划B会危及目前的工作；害怕自己可能会为此而改变生活或是花费大量教育经费。而多数公司却认为，管理人员必须为可能的改变作好准备。有些公司甚至报道说，探索新职业道路的管理者能在现有工作中表现得更加自信，而且还能带来新的见解。所以这些公司很欢迎那些为自我发展投入个人时间的管理人员。

至于担忧生活改变，报酬减少，或是职业转变以及要求再接受教育等方面，都因人而异。毕竟这是每个人自己的计划B，如果不喜欢，可以不做。

考虑目前工作中存在的问题

有时人们会身在完全不适合自己的职业中。德雷克·比姆·莫林公司的再就业顾问，帕梅拉·库珀（Pamela Cooper）就曾处于这样的境地。她发现自己每天早上去工作时都感觉恶心。她说，幸运的是，多数管理人员在有这样剧烈的身体反应前都已摆脱了如此不适合的工作。如果个人正在考虑职业转变，那么他正在做的工作一定出现了问题。所以为避免犯同样错误，一定要判断问题究竟出在哪里。

设想"梦想工作"

有些人对自己的梦想工作已有大概设想，有些人则还没有。如果对自己目前的工作不满意，却又不知道究竟想干什么，库珀建议大家问问自己：喜欢目前工作中的什么，或是喜欢先前工作中的什么。一连串的提问得出的答案更容易让人明白自己的热情所在，而这又有助于对理想职业的洞察。自己感兴趣的一般领域是什么？能定义这些领域中的具体责任吗？具体说说其中一个？

利用劳动力市场报告理清思路

《效益人》(*Productive People*)(纽约)的经理、电台栏目"只是关系"(Just Relationships)主持人，达菲·斯潘塞(Duffy Spencer)博士这样说，所有人可能都在梦想一个完美的职业。但遗憾的是，梦想往往与现实不符。我们梦想的工作可能并不存在。如果它确实存在，那么劳动力决策部门、专业杂志以及当地招聘广告的劳动力市场研究揭示了这样一个事实:往往梦想工作不会支付理想的报酬。但斯潘塞说,在考虑诸如报酬和机会这样的问题前,必须确定自己确实想要这份工作。

首先满足优先考虑因素

《职业转变中——来自哈佛商学院俱乐部的纽约职业管理研讨》(*In Transition: From the Harvard Business School Club of New York's Career Management Seminar*)的合著者玛丽·林德利·伯顿(Mary Lindley Burton)和理查得·A.魏德迈(Richard A. Wedemeyer)认为,任何一份市场调查必须特别注意个人最重视的要素。举个例子,如果某人觉得工作和家庭这两者得到平衡很重要,那么应该避免去做每周要求60小时工作时间的工作。伯顿还建议,要对职业和就业市场的预测提出质问。比如,有些人可能认为从商场工作转入作学术研究能使自己得到一个更放松、更友善的工作环境。但关于这点,任何学者都能证明,事实并非如此。

信息交流会面

曾在马里兰大学MBA中心(the University of

Maryland's MBA Center）工作、目前是纽约市美国国际管理协会（American Management Association International）全球最佳顾问之一的米库·津特（Mico Zinty）建议，管理人员必须进行信息交流会面，以便了解更多希望得到的工作信息。任何工作都有其弊端，所以一定要与正在这些职位上工作的人交谈，以了解每个职位的不利的一面。可以问诸如此类的问题，通常一天是怎样度过的？在定义职位，拟定日程以及开展工作时，灵活性有多大？需要多少时间计划自己的工作？需要超时工作吗，超时工作几率大吗？津特还说，要知道工作是否适合，还需考查工作需要的技能和能力。

关　系　网

伯顿建议，管理人员应该整理一张"他们所认识的每个承担责任人"的通讯录，并与那些在自己感兴趣的领域中工作的人取得联系。她指出，现在的企业文化允许这样的广泛关系网络。例如，五年或是十年以前，与大学校友录上的相关校友联系还被看作不正常，但今天这已不足为奇。而且，通过信息交流会谈，还能在通讯录上增加新的名字，这是一本能帮助自己追求梦想工作的通讯录。查普曼建议，必须成为一块"职业信息磁铁"，不仅要逐个会见处在自己感兴趣领域的人，还要参加团体活动，以便发现在该领域正在发生的变化以及自己可能发挥的作用。

一个女人的改变

德雷克·比姆·莫林公司再就业顾问，帕梅拉·库珀在帮助管理人员进行主要职业改变方面是个权威人士，她的权威不仅因为专业资历，还因为她自己的经历。

在取得心理学专业学位后，她就成了康涅狄格大学（the University of Connecticut）最年轻的教授。但当她还在宾夕法尼亚读大学时，她并没有过多地考虑职业问题，她只知道自己热爱教学，而且感觉教授之职很适合自己。但事实并不是这样。她发现工作的很大一部分是研究，而这并不是她的强项。她回忆说："我就像一个圆洞里的方形怪物。"她在康涅狄格大学工作了三年，最后终于承认那是一个错误的职业。因为她实在无法忽略这样的事实：某个早上，在去工作的路上，她停下车呕吐。

于是她对工作中的喜欢之处和不喜欢之处进行了考虑，发现自己特别喜欢和别人一起工作，所以决定去企业的人力资源部门谋职。经过一年的调查，还在这一时期提供了一些免费咨询，她开始了自己初级人力资源管理的职位。在部门经理离开6个月后，她接替了职位，并再次高升。

后来，她离开公司做了全职母亲。而她所在的公司正在进行裁员，她还负责了裁员决定。“最后一个裁掉的人是我自己。”她说。然后一家负责再就业的公司给她提供了工作机会，她必须再次在职业和家庭之间作出决定，但这时她和丈夫已收养了两个外国小孩。

休息了一年，她重新回到再就业公司，每周工作三天。她说，新生活过得很开心。

衡量改变工作的利和弊

制定计划 B 的时候，应该有一个工作，哪怕这只是一个暂时的工作。如果再失业，怎么办？斯潘塞建议，在发展梦想工作计划时，要抓住现有一切可能的工作。如果正受雇于某个职位，斯潘塞建议，应该在该职位坚持住，确立一个衡量改变职业利弊的方案，并以此来评估当前的职位。比如，如果正考虑离开商界去从事教学工作。利的方面可能是能得到更大的满足感，弊的方面可能是收入减少，而且还需要参加相关的资格考试。一位金融管理者最近离开了在纽约的公司，卖掉了在新泽西的房子，在避暑之乡缅因（Maine）重新安顿下来，而且成了当地校园区的财政管理者。58 岁时，他为一家正在经历重组压力的公司工作，在他看来自己是朝着一直梦想的更简单、更有保障、更有满足感的生活迈进着每一步。对他，所放弃的一切都是值得的。

接受必需的培训

津特建议管理人士利用自我评估测试，对自己的专长和能力作更深入的了解。（她强烈推荐的测试是，CareerLeader™，在 www.careerdiscovery.com 中可以找到。）如果计划 B 需要新的专长，必须找到弥补自身不足的办法。通常大家需要应用的是被查普曼称为“自己动手学习”的方法。为此必须进行自学，或者在当地大学参加夜间培训课程。

证明自己的价值所在

如果确实想实施计划 B，那么这是瓜熟蒂落的阶段。计划 B 可能把你带到现在公司的其他职位，也可能把你带到其他公司。伯顿说，不管是哪种情况，必须记住，让面试的人相信自己有能力作这个改变。津特也同意此说法，认为“对可能的雇主说‘我总是想……’之类的话是远远不够的。在面试中，必须表明自己适合这个职位，有效地推销自己。”伯顿特别建议，事先要对可能问到的问题准备答案，这些回答要能说明自己在过去工作中，或是参加志愿工作中学到的非常关键的技能。例如，在先前的工作中没有负责预算，但可以强调，在志愿小组中负责经费管理。

参考阅读

Be True to Your Future: Achieve Career Success and Personal Fulfillment by Elwood N. Chapman (1988, Crisp Publications)

Plan B: Converting Change into Career Opportunity by Elwood N. Chapman (1993, Crisp Publications)

In Transition: From the Harvard Business School Club of New York's Career Management Seminar by Mary Lindley Burton and Richard A. Wedemeyer (1992, Harper Business)

2. 改变职业,改变自己

2. 改变职业，改变自己

美国人内心深处总相信他们能够彻底改造自己，那么彻底改造究竟意味着什么呢？如果，它伴随的是整个个人定位的变化，那么随着时间推移，到底还存不存在个性的延续性呢？而且这种变化又是怎么发生的呢？

1999年，欧洲工商管理学院（INSEAD，in Fontainebleau，in France）的组织行为教授埃米尼亚·伊瓦拉（Herminia Ibarra）开始了对数十人的深入访问，受访者介于31～52岁之间，而且都正处于职业转换阶段。有些人的职业转换是180度的大转弯；有些人进行的是非常相近的职业间的转换。伊瓦拉的著作《工作定位——彻底改造职业的非传统策略》（*Working Identity: Unconventional Strategies for Reinventing Your Career*，Harvard Business School Press，2003）详细介绍了她在此次调查中得出的令人意外的结论。

她在书中写道："工作定位不是一个藏在我们身边

有待去发现的宝藏。更确切地说，它由很多可能性组成：有些可能的情况实际而具体，可以通过我们所做的事情、所在的公司，以及自己工作和生活的状况来定义；而另一些却存在于未来潜在的可能之中或是个人的梦想之中。”

对于很多人来说，
用回顾过去的方法
发现自我并不可行。

传统思想认为，对自己想做的事情，首先必须有一个清晰而明确的概念，然后再用这个已知概念实施恰当的职业搜索策略。伊瓦拉的建议不仅包含了标准的职业搜索建议，而且也响应了另一个美国人原则：实用主义理念，即通过从事的职业来定位自己。而在搜索的早期阶段，人们往往过于强调对职业的抽象定位，以及对不足的反省。伊瓦拉写道，多数成功的职业转换伴随着“一个在行动中、混乱中的‘尝试—错误’的学习过程，而在这个过程中，当时当地的经验将帮助我们判断哪些事情值得努力，而且这也正是我们所追求的”。所以她建议，要设身处地地尝试自己正在考虑的可供选择的职业。从传统的职业理念角度看，不断地试验、摩擦、调整和反复变换是极其扭曲的职业方式，但事实上，这些是在寻找自我的过程中不可缺少的元素。

在与《哈佛管理前沿》(*Harvard Business Update*)和威斯利学院(Wellesley College)宗教学教授斯蒂芬·A.马林(Stephen A. Marini)(专门研究宗教在美国公共生活和学术生活的作用)的对话中，伊瓦拉谈到了下面的这些职业策略以及它们所包含的“自我”概念。

马林：你的很多课题都研究人们正在从事的工作。当人们开始职业时，并不会想到自己会在一个职位上干30年之久。可能工作了15年之后，他们会说：“喔，天哪，这并不是我想做的。”

伊瓦拉：事实上存在三种不同类型的人。有些人从来都能不追随自己热爱的东西，因为这对他们来说毫无意义，有些人的工作不能赚钱，还有些人的父母认为音乐家是古怪的。

然而，多数人从来未曾作过一个选择。他们并不知道自己是否具有热情，至少，他们从来都没有发现一种热情。所以，这些人可以说是在碰运气：“好的，那么我就去商学院。也许还能发现点什么。”或者是“好的，那么我去从事咨询工作，然后看看会发生什么。”

有些人确实是深思熟虑之后才作的选择，但后来环境发生了变化。很多在商学院的人就属于这种类型。他们确实想在商界有一番作为，但是却碰到了公司不断改组，以及组织内派别非常混乱的时期。在这种情况下，人们就会想，他们对环境已失去控制。所以突然间，事情变得毫无意义。

马林：这种情况是因为个人没有预料到环境的变化，还是因为个人在此过程中发生了变化？换种说法就是，是推动力还是吸引力促使人们进行职业转换？

伊瓦拉：两者兼有。在每件事中，都会有一个推动力以及一个吸引力。推动力如果不足够，你会觉得越来越痛苦，但是，如果不存在吸引你的其他选择，或者你对这个选择日渐肯定，你不会跳槽。这并不是因为你胆小或者你拒绝变化。

每个人都会面临很多不同的可能性。每个人都需要找到自己感兴趣的工作：富有挑战性又让个人有满足感；而且这个工作还要切实可行，要问问自己：我能获得一份像样的生活吗？我的家庭情况，或是地理条件局限或是自身的身体缺陷适合干这个工作吗？

HMU(《哈佛管理前沿》)：所以我猜想最重要的一点是，怎样在推动力下工作，让推动力变得更强大，并使之提醒自己的下一发展阶段？

伊瓦拉：事实上很多人逃避这些答案。人们通常是通过被我称为“计划一实施”的模式寻找下一职业。很多职业辅导书倡导这一模式：通过收集数据，完成自我评估问答测试，作一些个性测试题。进行职业历史回顾：从事过什么工作？喜欢什么？不喜欢什么？也会做一个优先选择题库：喜欢在户外工作？还是室内？喜欢细节画面？还是宏观画面？

把所有资料综合起来，并把它们压缩成自己可能感兴趣的几个领域。然后回顾过去，想想为什么自己会尝试那些职业。基本上，这个模式依赖于个人"喜欢的"和"不喜欢的"自我感觉评估，并认为理想职业只要避开"不喜欢的"，与"喜欢的"相符即可。

但是，我在采访中发现这个方法在很多方面都不可行。第一，从事某项职业是诸多因素作用下的结果，一些是随机的，一些受父母影响，一些是来自同事的压力，还有一些是出于经济的考虑。所以并不能确定过去的经历是否提供了正确的数据，而正确数据是评估的必需。职业通常是一个偶然结果。有些职业可能是人们不知道的，因为他们从未尝试或接触过那些新职业。

而且，即使知道自己的兴趣所在，把自我评估的所有内容归纳出结论也是极其困难的。我听说过这样一位女士，她做过很多不平常的工作。而她的兴趣都与花有关，她的梦想是拥有一个真正的高层次消费的花店。于是她利用休息时间，拜镇上最有名的种花人为师，并为他无偿工作。但是很快她发现这种生活并不适合自己。她先前并不知道。要做这项工作，每天凌晨 4 点就得去花市，一周后，她就明白这不是她想做的工作。

马林:关于想像在自我发现过程中的作用,你的描述有些像美国人的模式。我想到了拉尔夫·沃尔多·埃默森(Ralph Waldo Emerson),他在怎样弥补"是什么"和"做什么"间差距的哲学辩论中提出:"想像其他的选择,然后行动。"一旦开始想像不同的世界、一个更好的世界,那么就应该付诸行动去实现它。

现在,这个辩论还十分激烈:因为人们试图在日趋多元的世界中调整自己的行为方式,他们怀疑旧式职业模式是否还实用。在职业转变这个课题上,你特别强调了这个论断。你提出的"试验—学习"方法的独特处就是建议人们尽快采取行动:不要只是干坐着,陶醉在自己的梦想里,不要用想像安慰梦想,我们需要的是尽快进行真正的尝试。

参加高级管理人员培训
或是利用晚上时间进行业余学习,
都能帮助人们走出想像的圈子,
尝试一个可能的自我。

伊瓦拉:列出一张可能职业的清单进行实际尝试,最关键的是速度。如果说,真正进行梦想职业尝试的人相对较少,这是因为很多人没有跨出第一步。

选择哪个职业其实并无多大关系；很小的尝试，例如着手一个新的项目或是参加夜间课程，都能引发改变。

HMU：但是当人们开始尝试所有这些可能的自我以及可能职业时，不正冒着失去真正自我的风险吗？

伊瓦拉：人们并不是在压抑真正的自我，我们只是有多个不同的自我罢了。改变职业意味着改变自我，但这并不是把这个身份换成另一个身份的过程。这个过程其实是在重新整合所有的可能性。每个人都有现实的一面和创造性的一面，而在生活中的某些阶段，人们总会把时间、空间和精力只偏重在其中的一面上。但是如果某种性格真的在你身上，那么这种性格总有一天会浮出水面，并会争取表现出来的机会。

想像各种可能性开始，就像打开"我真的要做些改变吗"这样一个潘多拉的盒子。当某种可能性明朗化时，就需要去探索。这时，人们就会再试着向前走一步去证实这种可能性。但是，在另一可能选择最终明确之前，人们总是会不断地退回更安全、自己更有把握的选择，通过这种方法人们能够确定新的情况是否是他们真正想要的。

HMU：你坚持认为，人们在可能的自我间来回摇摆的这段时间里，并不知道自己欠缺什么或是自己是否已经准备就绪，而事实上，这时恰恰能找到通向成功的钥匙。标志人生重大变化的事件在帮助人们协调这段摇摆时期中的作用是什么呢?

马林:标志人生重大变化的事件非常重要。多数人一提起仪式,就会联想到宗教团体。但这里指的是这样一个过程:人们从一个固定的、不变的地方转移到一个自由地带,在这个地带上他们能尝试所有不同的身份和经历,然后再回到原地,就会有所不同。

伊瓦拉:据我采访过的人说,他们发现参加管理培训课程,度一个长假期,或者是与他人一起做业余项目,就形成了一个受庇护的时间段,在这个时间段中,有着不同的规则,人们来自不同的公司,可能会有一些指导,这就是一个仪式。从心理分析的角度来看,所有这些试验都可以看作经历,这些经历建立了转换空间、转换时间和转换人物。以此,这个典礼允许个人走出自己的想像,在相对自我的环境里尝试一个可能的自己,并去发现这个自我究竟适合与否。

马林:这并不只是简单转移到一个略有不同的空间、地点或是地域,并尝试可能的自我,这些仪式能帮助你与其他的人建立起联系。

伊瓦拉:所有的研究都认为成年人通过行动来学习;在与其他人的接触过程中学习;过去人们把"做什么"和"是什么"一分为二,现在它们又联系起来了。能使工作或是职业变得有趣的一种方法是与自己崇拜的人一起工作，自己崇拜的人能激发最大潜力。与自己的榜样一起工作，从未想过的可能性会变得相当有趣并现实。

3. 成为管理者的必修课 琳达·希尔访谈

3. 成为管理者的必修课

哈佛商学院教琳达·A. 希尔(Linda A. Hill)的著作《成为管理人士——掌握新的身份》(*Becoming a Manager: Mastery of a New Identity*)有别于注重任务和责任的管理论文,该书描述了从一个出色的员工转变成富有竞争力的管理者过程中的深刻心理调整过程。在与作家洛伦·加里(Loren Gary)的对话中,琳达阐述了在该转变过程中人们面临的挑战。

成为一个优秀管理者需要具备哪些条件,你怎样理解该过程的独特性?

当我开始为这个课题作调查的时候,发现已经有很多关于管理人士必备知识的研究,但是极少数的研究能让人们真正学会领导和管理。所以我设计了一个定性的研究方案,这个方案为新管理者讲述自己的经历提供了机会。这个研究不仅能了解他们奋斗的过程,更重要的是了解他们在这些奋斗中的感受。

成为管理者就要面临管理神话和现实之间的落差。根据我的研究,人们开始成为管理者时,主要关心的是正式权力,就是与升职有关的权利和特权。但很快他们会发现新的责任、义务及其相互依赖的关系。新管理者很快会发现正式权力是有限的权力来源,因为他们的下属不一定会因此服从他们。同级管理者和老板,并不是管理者实施正式权力的对象,但他们对新管理者的成功起着很大作用。管理过程中,协调内部关系和实施权力会是同等的重要。

作为一个新管理者,需要学习两类职责。一类职责就是管理自己的团队,另一类职责是管理自己团队所在的周围环境。这就意味着要管理边界关系,即团队与组织内其他团队的关系,或者团队与组织外其他人员的关系,管理者还要时刻关注竞争环境中一切事态,以确保合理地制定自己团队的议程。

新管理者通常会把管理范围缩得太小。他们错误地认为,应该把管理范围集中在自己的团队上。但事实上,除非管理者密切关注周围,并管理周围环境,否则他们很有可能对自己团队提出不切实际或者不合理的希望。新管理者还经常缺乏顺利开展工作必需的资源。由于商业世界正在发生变化,周围环境管理比以前更为重要,也更为复杂。

除了掌握团队管理能力,管理者还必须改变自己。如果管理者想获得成功,他们必须用新的态度、新的价值观和新的实事观，而专业定位的改变也许是最具挑战的一项。管理者们在采用新态度和新观点过程中经历的感受，对其专业定位的发展有着极大的影响。

你把这个过程描述成心理转换吗？

是的，有两个方面。第一，管理者从相对独立的个体贡献者开始，成为人际关系的建设者。从专业技能很强的个体转变成为小组制定议程的负责人。新管理者一开始就必须把自己看成决定团队议程的负责人。真正根据议程展开工作，策略地考虑问题还需要很多学习过程。为小组制定一个发展方向比人们想像的要复杂得多，尤其是在组织结构较为扁平而且正在快速发展的时期。

既要把自己看作是人际关系建设者，又要把自己看作一位领导，这两者是看待自己的完全不同的角度，如从一种角度来看是在实验室工作的工程师，另一角度看是还未成为某公司管理合作者的顾问。成为管理者意味着要学习用更宽泛、更全面、更长远的方法看待问题。要明白自己能够发挥的作用，采取干预的方法，以及施加影响的策略，这些都是持续学习的过程。

这是转换工作中的理性元素，那么情感元素又是怎样的呢？

一般在最开始的几个月里，新管理者都会感到紧张，觉得自己不够聪明而且会失去控制，新管理者不可能感到自由，或者觉得自己能干，或者控制得心应手。他们常常会感到压力过大。他们的专业技能也会变得过时，所以这时他们怎么能把自己看作专家呢？而且自己团队成员的技能让他们感受到威胁，在领导他人方面还有很多其他压力。

> “新管理者感到的并不是自由、
> 明智或是一切掌控在握，
> 相反在开始的几个月里，
> 他们感到紧张，
> 觉得自己不够聪明，
> 甚至失去控制。”

有些压力基于这样的事实，比如个人或组织并不完美，不管你怎样重新构建，或是修改政策，或是改变行动都无济于事。而管理者的职责就是去面对无法安置妥当每件事的现实；他们必须得应付由于资源不足、或时间仓促、或是组织结构不合理，或是刺激项目等原因造成的后果。新管理者使自己适应管理中的诸多方面是转换角色的主要部分。

另一方面是管理者怎样从工作中得到满足感。当你不再是任务的执行者，而成了管理者或是领导者后，该怎样评价自己的业绩呢？作为管理者，可能离成果有几步之遥，一般来说，管理者与工作业绩的关系是模糊的，管理者很少会及时得到满足感，这与取得技术性成果得到的满足感是不同的，因为技术性成果完全依赖于个人工作的努力。所以为了在新的职责中感到满足，必须学会定义成功的新途径。必须学着欣赏其他人的成功，并帮助他们获得成功。

你认为人们真的能从这些新的模式中得到满足吗?

他们可以学习，而且他们还可以去发现。在我的研究中发现当人们成为管理者后会有很多意外发现，有些是可喜的，有些就不那么令人愉快。他们本来以为自己会感到满意的事情结果并不让他们满意，而另外一些事情更让他们大出所料。有些人直到成为管理者后才意识到，原来他们愿意指导别人，并愿意看到别人成功，而且事实上，他们认为这比解决自己的问题更能让他们快乐。不知我是否可以把这个过程也称为学习。这是对自己新的认识。

另外，如果管理者越来越适应新的职责，那么他就会得到更多自己想要的结果，而且会得到满足感。所以从这个意义上说，这确实是学习的过程；从工作经历中真正得到满足时，某些事也会发生变化。

你书中的另一主要观点是，人们更多的是通过经验而非培训学习成为一个理想的管理者。

我认为你并不能教会别人怎样去做领导。你可以帮助人们学习自己去领导和管理。为此，可以给他们提供一些需要的工具，例如，提供能帮助他们在特定情况下协调主要问题的方案。我们会有各种各样的经历，但是我们并没从中学到任何东西，或者得到的是错误的教训，这是因为我们不知道怎样利用这些经历。

你还能帮助人们更加了解自己。对很多管理者而言，要知道自己在既定情况下的处事风格，需要掌握反馈信息，这些反馈不仅应该包括他们已经做的事情，还应该包括他们完成这些事情的方式。如果能给管理者提供这样的反馈信息，就能帮助他们找到原因与结果的关系。这样就帮助管理者建立了他们期望影响的事件和他们真正影响了的事件之间的联系。此外，管理者在日常活动中就会变得更具策略性，并能及时调整自己的行为以达到希望的结果。而且，管理者对自己职业的规划也会更具策略性，他们会选择具有最大可能性、能带来自己希望的发展和成长的工作经历。

在帮助管理者发展自省能力的同时，你还能帮助他们学着采取一种容易让别人提供反馈信息的行为。管理者要向他人发出这样的信号：别人的意见是他们正确开展工作的必需，而且他们非常乐意听从。如果管理者对反馈意见持相对坦然的态度，而且不是反击自卫，他们会发现其实他人很乐意指导自己。

有趣的是，多数人在谈到这个话题时总是建议找一个职业指导。

但我觉得这是完全错误的思考方式。人们对职业指导怀着不切实际的希望。我们现在采用的指导模式，例如父母/孩子模式，或是教授/学生模式都是不合适的，因为事实上，人们通常能从同事那里学到更多东西。

在成为管理者的至关重要的第一年，哪些闪亮点或是分水岭需要注意呢？

首先管理者对即将发生的事要有合理的期望。我们都知道刚上任的管理者容易犯一些错误，但是多数公司并不认可这一点，公司对新管理者的期望与对经验丰富管理者的期望是一样的。

例如授权是高难度的决策，新管理者通常在授权上会有困难，因为他们害怕取得控制权。但事实上，授权并不是什么大事。一方面，管理者仍旧在协调某一问题，只是从一个执行者变成了议程制定者；另一方面，管理者也在试着去学会评价议程的正确性。为了有效地授权，管理者需要授予自己信任的人决定权。新管理者会犯的一个错误是，他们认为与每一个属下建立良好关系就相当于拥有一个优秀团队。但事实上，集体与个体的总和有着很大区别。

公司应该认可几点可预见的新管理者容易犯错误的方面，即授权、议程制定，以及管理团队而非管理个人。只有预见到这些，公司才能考虑对管理者有帮助的指导。

多数组织在意见反馈和职业指导上都做得不尽人意。这一点真是非常遗憾，因为当管理者经历一个主要职业转换时，他们最容易接纳新的信息。而这些时候上司的介入能真正地改变一些事情。

好的职业指导要具备哪些条件呢?

并没有奥秘可言。这更多是有没有这样一个人存在的问题。一个好的职业指导提供支持性的自主权。而重要的是，如果你是新管理者的老板，就不要处罚那些可以预见的错误。这并不是说不应该信任新管理者,而是应该采用共同解决问题的态度对待错误。还有哪些教训可以吸取,以避免犯同样错误?一个好的指导也应该询问新管理者得到的反馈意见。反馈意见的性质是什么,以及新管理者是怎样得到这些反馈的?这些问题的答案能让教练明白新管理者的盲点在哪里,在哪些方面新管理者没有发现重要的线索,在哪些方面他没有请求帮助。

那是很细微的事情——人们对请求帮助有着不同的感受。

当然,有些人懂得怎样把求得帮助做得更具建设性。如果你是一个很有成效的人,那么有可能你只是一个喜欢独自解决问题的人,不愿承认有些事情其实自己并不能解决。在我的研究中,有很多管理者承认他们很不情愿请求帮助。他们认为,如果是上司,就应该是专家。那么如果是一个专家,为什么还需要帮助?

从心理分析的角度来看,一个有雄心壮志的新管理者不情愿请求帮助是很容易理解的。而从组织的角度来看,这也是事实:下属不愿看到新管理者在管理团队时感觉失控,而且对自己做的事情不肯定。我并不是建议新管理者应该向每个人承认自己是如此失控。但是他们确实需要自己的空间,可以让他们谈论这些常常会把人压垮的负面情绪。安全问题是一个大问题，寻求帮助可能会以安全为代价。通常新管理者不愿意向人力资源部寻求帮助，因为人力资源部会把信息反馈给老板。人力资源部在整个组织内部都有着联系。所以新管理者担心让人力资源部的人知道自己的困难可能会对今后的升职不利。

那么组织从那些即将成为新管理者的人那里又能得到些什么呢?

新管理者就像人类学家一样，他们竭尽全力地收集任何有关他们新职责的信息。结果是，他们通常有看待事情的新颖角度，他们会问一些切中要害的问题。

在我的研究中，人们说到的一件事是，通过在培训阶段的观察，他们更乐意接受公司的价值观。当我与公司高层管理人士谈论新管理者对公司价值观的看法时，这些高层管理者都很震惊，因为新管理者的理解如过去一样并不那么令人高兴，却十分准确，或者是因为高层管理在不经意间传递了错误的信号。

这是因为管理者正在努力搜索信息，对公司发出的混合信息很敏感。新管理者对这些信息的理解对公司十分有益。这样能建立一个良性的反馈：如果公司知道这些信息和价值是怎样被误解的，公司就有办法做一些有建设性的改变。

参考阅读

Becoming a Manager by Linda A. Hill (1992, Harvard Business School Press)

High Performance Management (CD-ROM, 1995, Harvard Business School Publishing)

4. 志愿工作中的职业收获

戴维·斯托弗

David Stauffer

4. 志愿工作中的职业收获

戴维·斯托弗

任何享有良好福利条件的管理人士都知道，从工作中得到的报酬不仅是金钱。越来越多的事实说明，人们可以从自愿服务中得到极大的报酬，从中得到的报酬以非实物形式为主，例如满足感、成就感、提升自尊以及回报集体的愿望。

但这篇文章将跳过这些最重要的报酬，而集中讨论已被人们逐渐认识到的志愿服务能给人们提供积累技能和经验，而这些志愿服务将很有可能转化成更大的成功和职业发展。

虽然这样的考虑乍一看显得粗俗而且过于物质化，但是专家认为“在行善中求发展”能使参加志愿工作的商界人士、提供志愿服务的机构取得成功，更重要的是使共同慈善事业取得成功。例如宾夕法尼亚大学(University of Penneylvania)心理学教授马丁·E. P. 塞利格曼(Martin E. P. Seligman)在其著作《乐观也可以后天习得》(*Learned Optimism*)中写道：“没有必要怀着无私奉献精神作慈善努力。我们完全可以出于自我目的而为之，不必考虑它对大众利益产生的影响。”

管理人士能得到的职业利益

以下是管理人士在非营利机构从事自愿工作能得到的一般的利益。

学习更多的管理方式

哈佛商学院教授詹姆斯·E.奥斯汀(James E. Austin)的研究显示，很多参加自愿工作的商界行政人士从他们参加的志愿服务中得到了全新的管理理念。他说：“这是在低风险情况下进行的学习，一个中层管理人士认为，只要打着志愿者的招牌就能获得更多技能，而且这能极大地增强自信心。”

奥斯汀在1996年展开了一项关于美国公司行政人员参加志愿工作的研究，这个研究采访了10 000位哈佛商学院研究生，316位世界500强的CEO，还对200位因受志愿服务潜在利益吸引而参加志愿工作的管理者。会计师苏珊·豪(Susan Howe)认为，学习机会是志愿工作提供的一项重要实际利益，她本人参加的志愿组织包括当地和州立的注册会计师协会、校友组织和当地的医疗保健机构。豪，这位费城安永会计师事务所（Ernest & Young）的高级税收经理说："志愿小组给个人实践技能提供了没有威胁的氛围。"

俄亥俄州州立大学（Ohio State University）医学院心脏病学主任，志愿服务于美国心脏病大学（American College of Cardiology）的医学博士理查德·P.刘易斯（Richard P. Lewis）认为，志愿工作"帮助他学到了怎样以积极的方法进行管理，例如，对有才华的人，不必感到威胁，而应该想办法帮助这些人开发他们的才华。我相信志愿工作帮助我赢得了一个重要的委员会主席的位子，然后我又成为大学校长"。

位于北卡罗莱纳州温斯顿—塞伦（Winston-Salem，North Carolina）瓦科维亚企业服务公司（Wachovia Corporate Service）高级副经理和人力资源小组行政管理人员丹尼斯·D.李（Dennis D. Lee）说："参加志愿工作能让你看到其他人怎样处理分歧、沟通，以及一系列的问题和事件。"李曾在美国红十字互助（Benefits Plan）计划理事会志愿服务五年，他是那里的主席。他说："你以一个内部人员的角度去看待另一个组织，去发现哪些方面有利于其运作，哪些不利其运作。"他解释说："从某方面来说，这像一个实验室：你参与一个项目或是工作，而且是从头至尾地参与。”

红十字为退休老人推出的医疗保险服务，即医疗保健组织（Medicare HMO）服务就是一个很好的例子。“我曾经在想，我们瓦科维亚（Wachovia）的退休者可能会同意这样一个计划。”李回忆说，“红十字退休者对这一项目热情赞赏，给我增加了不少信心。而且，我现在已有了一个实施这个计划和展开联络工作的模板，这对这一项目的成功功不可没。”

参与领导的机会

比学习管理技能更有价值的是学习工作场所中需要的新技能。为时实通讯《工作中》（*At Work*）撰稿的顾问比尔·施米特（Bill Schmidt）主张：“志愿工作的性质支持了共同领导的体制。这种理念会深入人心，鼓励人们学习怎样和他人一起为共同的目标努力”。

奥斯汀发现，这种合作领导风格通常是非营利机构内惟一的工作方式，而且这种领导方式在营利性公司内也变得日渐重要。一个行政总监曾对奥斯汀说：“在这样的领导环境中，人们没有必要只是服从。我们企业就是想确立这样的领导风格。”

最大限度利用志愿工作的秘诀

哈佛商学院教授詹姆斯·E.奥斯汀进行的调查和深入采访中，得到了志愿者的商业行政管理人员的以下秘诀：

寻找一个合适的组织。想加入一个刚成立的组织，还是成熟的组织？结构严密的，还是松散的？动荡的，还是稳定的？小型的，还是大型的？当地的、国家的，还是国际的？奥斯汀建议，选择心仪的组织，然后阅读如财务报表这样的相关资料，与组织的董事成员和高级管理人员会谈，参观组织的运作，并“清楚了解他们所希望的时间、金钱和精力的投入”。

管理多项投入组合。如果参加志愿工作的结果是要面对“多项投入”，正如很多行政人员做的那样，奥斯汀建议用组合形式进行考虑和管理。“一个行政总裁把自己的多项投入归纳成‘义务选美大赛’，因为他的出场必须符合公司地位；‘参与运作’，因为他扮演政策制定者的角色；‘企业风险’，因为他还需要承担高风险，并具有高度热情。”

不要超额工作。奥斯汀注意到，“过度增加的工作，会导致个人精力分散，也会影响到整个投入组合，这对自己对工作都不利”。

发挥优势。在志愿工作中，也要坚持领薪职位时的工作表现。非营利组织通常最看重志愿者的管理优势。

吸取经验。虽然志愿工作很欢迎个人的工作经验，奥斯汀说："通常争取一致意见的过程较慢（很多非营利组织是这样），而且可能与你的选择和经验相冲突。一个行政人员告诉我，开始时，最好少说、多听，然后可以理智地应用自己的工作经验。"

懂得在恰当时候离开。时间可能是个人最珍贵的资源，如果发现目前的志愿工作不那么理想，寻找其他的志愿机会。

志愿工作是开始事业的好办法

耶鲁大学医药学院博士后马修·J.钦诺曼（Matthew J. Chinman）说："对刚开始自己事业的人来说，志愿工作也许是他们能够写入简历的少数几个经历之一。""在非营利机构里，一个没有工作经验的行政人员有机会主持会议，负责预算，以及策划市场，但在一个竞争性的营利机构里，很可能得不到这样的工作机会。"

授权的力量

研究表明，志愿工作传递了一种授权思想，这种思想不仅影响到志愿工作本身，而且影响到个人职业以及家庭生活。钦诺曼认为，授权是来自“增加了责任感，感到自己有用，学到了新技能；感到帮助他人的自豪；得到自我尊重和满足感；而且减少了与外界的疏远”。刘易斯博士也同样建议：“我认为最大的底线利益是利他。为心脏病学院工作就意味着在自己所选领域的最优秀的组织工作。”

开阔视野的机会

为这篇文章接受采访的每个人都注意到志愿工作的一个利益，即“开阔视野”。研究人员和志愿者都发现，志愿活动不同于正常工作，它提供了很有价值的开阔视野的机会，让人们接触到他人，改换了视角并了解了问题的多样化组合。“参加处理国际事件的国家组织，”刘易斯认为，“让我大开眼界，接触到了很多不同的东西。回到俄亥俄州我就会说，我们这里是这样做的，在其他地方的那些人是怎样做的。”

与开阔视野同等重要的是，志愿工作能把个人活动扩展到工作和家庭之外。在刘易斯进行的一个访问中，一家公司的经理说：“在当地芭蕾舞团的志愿活动是非常理想的有利生活平衡的经历，在工作中遇到问题时，这段经历就成了肯定自己的源泉。”

多样化的形式

奥斯汀发现，很多管理者把接触到陌生的、不同的人和看问题的不同视角看作是志愿工作的最大利益之一。"一家制造公司的执行总裁说，一个住在郊外的高收入者很容易跟与他事业有关的日常生活现实、政治以及社区脱节。"

会计师豪（Howe）把这种跟外界的接触看作是志愿工作的关键利益，她注意到，"志愿工作把一群本来不可能相互影响的人带到一起……让不同背景和经历的人相互接触，帮助人们意识到其实人与人之间相似点多于不同点。"

瓦科维亚企业服务公司的李认为，与受雇于不同类型雇主的人一起工作非常有益。"在红十字互助计划理事会董事会议上，我的同事经常说，'我们处理签证时是这样做的'，或者'在ARCO，我们用的是这种方法。'"奥斯汀说，接受采访的很多人同意这个观点。"美国金霸王（国际）公司（Duracell International）的高级副经理说，参加会议后，他通常会带回更多的想法。他说：'我们一些员工一直在金霸王（国际）公司工作，而且他们有着强烈的工作愿望，但是他们没有开阔的视野。'"

由局外人变成局内人

市场专家罗布·洛奇(Rob lodge)偕全家从明尼阿波利斯的郊区搬迁到红客栈(Red Lodge)的一个小镇。"我们很快就融入了这里的男孩女孩俱乐部,"他回忆道,"最大吸引力是帮助经济条件不理想家庭的孩子。但是志愿工作让我们遇到了很多有不同文化背景的人,显示了我们对社区的关心,而且打破了被看作是外来人的无形障碍。"

不只是好,还要为你好!

美国斯坦福大学药学院(Stanford School of Medicine)紧张管理研究员医学博士肯尼斯·R.佩尔蒂埃(Kenneth R. Pelletier)说:"利他行为与健康的生理和大脑联系在一起。"为撰写《好头脑,好身体》(*Good Mind, Good Body*)一书,佩尔蒂埃研究了53位极其成功的领导者的背景和生活方式,他发现了利他行为和寿命之间的相互关系。他认为"这是一个鸡和鸡蛋的问题","是良好的健康状况使人们想参加志愿工作,还是从志愿工作中产生的愉快情绪有助于健康?这是个无法回答的问题,但至少我们知道这两者是相互作用的关系。"

为了职业荣誉和前途，需要赶快加入志愿者队伍吗？

答案是否定的。虽然志愿工作本身的最低利益使志愿工作成为一个明智的职业举措，但是研究人员和参加志愿工作的管理者一致认为，从志愿工作中得到的利益比不上做了好事而产生的满足感。“职业利益很重要，”豪说，“但是社会利益高于一切。”

奥斯汀的研究证实了这种普遍的情况。“服务是由信念驱使的，”他说，“64%接受问答的人认为参加志愿工作时，非获利性的目标才是最重要原因。60%的人认为，其次的动力是想回报社会。”

耶鲁大学的钦诺曼说志愿工作最有价值的利益是“有目的的”。他认为，这些个人信念“与组织的目标一致”。“很容易设想，行政管理者对公司的财务状况关注了几乎整整一周后，就会希望寻找为别人做点儿事的机会。”虽然如此，他补充说，这个主要目标并不需要排除对职业目标的考虑。

还有其他需要注意的警告吗？

南卡罗来纳大学（University of South Carolina）心理

学教授，亚伯拉罕·万德斯曼(Abraham Wandersman)曾与钦诺曼一起对社区组织志愿工作的成本和收益进行了广泛的研究，他建议，对成本需要仔细考虑，包括时间、精力和物质资源。“估算成本很重要，要知道‘我将放弃什么?’估算利益同样重要，‘我能得到什么?’为此，最好能理智地使用志愿工作时间，增加收益，减少成本。”而且人们更想服务于那些理解成本的组织，因为这些组织理解志愿者为团队付出了自己的时间、精力和其他资源，所以会努力寻找减少志愿者成本的途径。

怎样加入志愿工作?

视情况而定。如果目前还未加入任何组织，并希望寻找一个与自己兴趣相符的团队，钦诺曼建议，联系联合之路(The United Way)的当地办公室或是类似的慈善组织。“很多类似的当地组织有一个志愿中心，它们就像是志愿工作的交换所。”奥斯汀建议:“要想清楚自己感兴趣的志愿项目，而且要明白自己想从中得到什么。然后，联系非营利组织，一开始可以通过已经成为积极志愿者的同事介绍。如果个人兴趣很特别，而且合适的组织也不多，可以直接与这些少数的组织联系，咨询一下他们是否能提供志愿工作机会。”

奥斯汀指出，校友组织和商会在运行更多的结对子项目。这些例子包括，纽约的志愿咨询小组(Volunteer Consulting Group of New York)和商业志愿委员会(Business Volunteerism Council)，后者由美国城市商业协会和市民团体在1992年联合创办。

"如果不是十分信任组织，"豪建议，"不必参加志愿工作。"但如果信任组织，也不必保留。豪描述了自己志愿经历中一直重复的经历，"我发现只要自己跨出了第一步，多数团队很快就会向我敞开大门。"

参考阅读

"Community Service：More Rewarding Than You Think" by Judith A. Ross（*Harvard Business Review*，July-August 1997）

"The Invisible side of Leadership" by James E. Austin（*Leader to Leader*，Spring 1998，Jossey-Bass Publishers）

Learned Optimism by Martin E. P. Seligman（1998，Pocket Books）

Corporate Volunteer Programs: Benefits to Business（1993，Points of Light Foundation，Washington，D.C.）

A Corporate Employee's Guide to Nonprofit Board Service by Carol E. Weisman（1996，National Center for Nonprofit Boards，Washington，D.C.）

5. 应该接受海外工作吗？

吉姆·比林顿
Jim Billington

5. 应该接受海外工作吗？

吉姆·比林顿

下面可以称为是新型通用智慧：如果管理者在其管理生涯中从未有过海外工作经历，就很难在新世纪适应办公的环境。看看美国三大汽车制造商的行政总裁，都有过运作海外分公司的经历。或者翻阅一下国际员工福利咨询公司福斯特·希金斯公司（Foster Higgins）公布的调查报告，你可能会发现拥有1 000员工以上的公司中，57%的公司计划在今后几年招聘具有海外工作经历的管理人员，但是不知你是否想到，有72%的较小型公司也正计划这么做。

但是，以你个人的经历，很有可能是大多数人的经历，这个通用智慧可能是错误的。确实是这样。像伊顿（Eaton）、史密斯（Smith）和特罗特曼（Trotman）这些人都曾有在欧洲生活的经历（以特罗特曼为例，一部分原因是由于他在欧洲出生并在那里长大）。值得争议的是，在美国，有着数十年注重海外工作经历传统的产业只有两个，其中之一就是汽车产业（另一个是银行业）。再来看看亚瑟管理学院（Arthur D. Little School of Management)教授道格拉斯·雷迪(Douglas Ready)的调查,30%～40%在海外工作的管理人员,在任务未完成前就返回本国,这基本可以说是一个不好的信号。

更不用提回国后等待着管理者的是什么,对于处在快速发展行业(如信息技术)的人来说,情况更不乐观。查尔斯·波拉奇(Charles Polachi),现任职于芬威克合伙技术公司(Fenwick Partner),该公司在IT行业内从事中高级管理人员调查,据波拉奇估计,信息系统的管理人员返家后,50%以上的人面临的是长达12个月的失业命运。

做 决 定

如果顾主给你提供了一个海外职位,在搭上前往布拉格(Prague)的飞机前请三思而后行。在接受新职位前,先问问自己,"如果我拒绝了这个任务又会怎样?"然后再回答以下的这些问题:

公司确实注重海外经历吗?

这个问题可以根据以下几个方面来衡量:

- 公司高层管理团队的管理者是否都有过海外工作经历?或者是,他们在步步上升过程中,根本就没有离开过公司本部？

- 公司是否非常在乎海外任命的成败？回答这个问题可以考察一下，公司是否在任命前做了充分准备，以及公司是否对员工家庭状况作了考虑。
- 海外公司的职位系统化吗？人力资源管理部门参与其中吗？多数情况下，推荐海外职位的那个人是生产线管理人员，由人力资源部负责推荐事宜。美国电话电报公司（AT & T）、陶氏化学公司（Dow Chemical）和摩托罗拉公司（Motorola）都帮助其最有希望的管理人员制定了3～5年的职业规划，参与海外项目也会作为其中一部分考虑。

哈佛商学院教授克里斯·巴特利特（Chris Bartlett）提供了更为先进的衡量公司重视海外经历的模式。他发现在海外有业务的美国公司在进军海外市场时主要可以分为四种类型。像皇冠柯克一西尔公司（Crown Cork Seal）这样的传统公司，把经营海外项目看作一项外交性或是技术性的使命，海外公司只是去传达总部的口吻或是最新的技术，并不特别重视异国文化的熏陶和学习，也容易忽略异国文化对其开展重要业务时发挥的作用。像ITT这样的跨国公司把国内分公司看作是其不可分割的一部分，对海外业务有着比较狭窄的目光，认为这只是他们在其他地理区域必须承担的责任而已。像波音公司(Boeing)这样的全球性公司,追求的是产品的统一性,尽量减少产品在不同国家间的区别,他们重视海外工作的效率,但是并不特别看重管理者在海外所学到的经验。

相反,跨国公司(例如宝洁)却是既希望得到全球效率又希望得到当地反馈,所以比较看重从国外带来的经验以支持公司培训。这样的公司试图掌握更广的知识,而且提供的海外职位不管在专业技术上,还是在教育培训上,都期望得到最大可能的回报。

如何得到海外职位

好了,你已决定海外职位对自己的职业发展很重要。现在的问题是你怎样得到它?专家建议以下五步:

- 告诉老板,你想去国外工作。这听起来似乎很简单,但是很多人却忽视了这点,因为他们相信,以公司领导的智慧,肯定明了他们心底的这个渴望,或者就会给他们提供一个境外职位。但事实并非如此时,在下一个工作总结中提出自己的想法。
- 在本国做好工作。国际导向资源公司(International Orientation Resources)对 50 家大型公

司作了调查，发现公司在为境外工作选择员工时，更看重他们的技术专长，而不是跨文化交际能力。最重要的境外工作一般交给那些有最佳工作记录，以及被认为具备海外工作能力的员工。

- 学习公司的国际业务。
- 如果想去国外工作，了解公司的国际团队。
- 学习在海外工作时会有帮助的语言，而且让雇主知道你已经在这么做了。

所在产业是否注重海外经历？

所在的公司注重海外经历，但所在的行业可能并不重视。请记住那些打道回府受到冷遇的 IT 行业管理人士。如果个人所在行业看重管理上的技术专长，也许应该取消长期海外工作的计划。“如果你想成为世界领先的模仿专家，那么就呆在纽约，”巴特利特建议，“海外任命对国际化学习很重要，但对技术学习来说并不重要。”

你是否很想去国外工作？

请诚实回答这个问题。如果管理者把海外任命看作是督促自己的动力，那么很少有人会在目的地成功。如果因为潮流选择一个国家或一种语言，那么这样的选择也缺乏必要的说服力和可信度。由个人对职位的热情而产生的持久力量才是关键因素。“选择一个你热爱的国家，”巴特利特说，“如果我现在 35 岁，我想选择一个我本身非常感兴趣的国家，或者选择与我的家庭有历史渊源的国家。然后，我会把这个任命看作我尽可能多地学习国际性管理的途径。而且我会在多个国家建立一个关系网。”

你的家庭应付得了吗？

顾问雷迪说，多数管理者在任命到期前就返回，是因为家庭成员很难适应陌生国家。他说：“海外任命就像一粒时间药片，如果你在一个发展中国家工作，你和你的家人就像回到 40 年以前。这个调整不只是文化上和语言上的调整，生活不便也是重要原因。大家需要相互支持。”在考虑是否接受海外任命时，这些都是自一开始就要想到的问题。

第三部分 转换目前的工作角色

管理职业生涯并不仅仅指改变工作，有时也指调整当前的工作角色和提高工作技能，它能把不那么令人满意的职业变成一份富有成就感的工作。

读者将在这部分文章中发现如何对工作进行一些较小的调整，以及如何提高一系列的工作技能。读者还将发现如何通过指导来拟订新的目标，以更有效地管理时间并调配精力，提高自己的交际能力，并改善与上司的关系。

1. 你为高级管理教练作好准备了吗?

蒙西·J.威廉斯

Monci J. Williams

1. 你为高级管理教练作好准备了吗？

蒙西·J. 威廉斯

这个专业化的年代为人们带来了私人电脑、私人教练、私人购物向导，以及曾经被称之为“媒人”的私人约会安排者，现在又给管理人士们提供了一项终极教育服务——高级管理教练。近十余年中发展起来的一个潮流就是个人和公司都在寻找兼具热情而富颠覆性的教练咨询，而这应归功于职业的剧变。

还没有确切的数据统计出美国以及其他国家的教练数量，目前应该已达到四位数，而且也没有能保证教练质量或能力的证明。近年来，这支教练队伍正因指导寻找新工作的再就业专家的加入而日益庞大。如果你正在考虑聘请教练，那么下面是关于这些教练的基本介绍。

为什么要聘请教练？因为在当前组织结构较为平坦、流动性较强的公司里，管理人士无法再通过发号施令来完成工作；他们必须与整个组织成员处理好关系。而且，追求生产力的组织要求每个员工都有高水准、协调一致的工作表现。目前管理着创意领导中心(Center of Creative Leadership)、经验丰富的教练罗伯特·J. 李说,由于对短期绩效的不断重视,“不尽人意以及特立独行的行为是不能容忍的”。

商界中教练的不断增加,也标志着组织内管理态度的重大改变。至少,在某些方面,教练的出现表明了一个更为开化的认识,即人们可以不断成长和改变。一个培训与发展专家说:“过去人们的观点是:‘那就是乔,他就那样。’而现在的观点是:‘乔有发展的需要,我们该如何使乔得以发展呢?’”

由于教练对管理者的表现有着真正的影响,这些影响甚至可能大于培训课程,所以很多人力资源教授发现,像美国运通公司(American Express)、科宁公司(Corning)、惠普公司(Hewlett Packard)、摩根·斯坦利(Morgan Stanley)以及菲利普·莫里斯(Philip Morris)等,这些领头羊公司已开始提供私人教练,并将其视为领导体系发展的一部分。但事实上,多数被选中接受教练服务的管理人员其实是一个靶子,用委婉的说法就是“这些人做的一些事情出了问题。”

被训练者接受教练服务的过程包括评估、为实现改变和改进制定的计划、实施目标计划,以及三个月到一年不等的与教练会面。最彻底的评估是360°全方位的信息反馈,在这个评估中,教练会收集所有关于乔与身边每个人工作时的表现,包括同事、老板和下属。听取信息反馈阶段，被培训者一般会离开工作场所两到三天，原因是：虽然教练会很小心把被培训者好的方面和不好的方面一起提出来，但还有什么会比面对真正的自己更令人惶恐的事了呢？总部设在温斯顿塞伦(Winston Salem)的教练公司 KRW 国际(KRW International)的合伙人凯瑟琳·威廉斯(Kathryn Williams)说："参加培训的人会感到愤怒，有时他们还会哭泣。"然后他们再回去工作。

360°信息反馈只在 10%左右的教练项目中使用，但如果被训练者如一个高级管理人，完全不知道不信任下属会对工作效率产生致命影响，那么 360°反馈可能会是比较理想的评估工具。但是，这个评估代价很昂贵，会占用评估其他 20 个左右员工的时间。

反馈信息资料的充足也许能帮助公司规范业务，但是有些人认为，这样的反馈信息包含太多个人主观感情(比如，当员工的薪水从 175 美元每小时变为高级管理人年终奖金的 10%时，这当然会影响反馈意见的客观性)。但是教练们认为，即使没有这些反馈资料，他们凭借自己老到的经验依然能判断多数管理人士的职业前景。

除了 360°信息反馈，还有一个评估方法就是，教练暗中观察被培训者，并随时记录。如果管理者的问题并不棘手，即使这样的评估方法也没必要，而且也不一定有效。很多教练只需从被培训者的老板那里取得反馈意见，然后再专门研究被训练者与其老板间关系的症结即可。还有些教练说，他们只要同被培训者谈谈话就能大致了解情况。纽约市临床心理学家玛里琳·帕德-约克(Marilyn Puder-York)就是这样的一位教练，聘请她作教练的多数是个人而不是雇主。她说："人们都有自己的行为模式和信仰模式，当他们说话时，我就能抓住主题。"

最简单的教练状态需要合适的方法配合：约瑟芬(Josephine)有着粗犷而混杂的文化背景，她重视个人表现，也就是说，当老板向她吼叫时她也会向老板吼。但是，她在同创公司(Collegiality Inc)的新工作要求她有较为温和的工作风格。教练在升迁时是必要的，而在换工作时并不那么重要。纽约人力资源咨询公司，斯特里克兰集团(Strickland Group)的行政总裁，凯瑟琳·斯特里克兰(Kathleen Strickland)说，管理人员在三个职业阶段最需要教练：第一个是刚晋升为管理人员时，第二个是成为中高级管理人员时，第三次是进入最高层管理团队时。

在每个阶段，取得成功的规则和要求都不同。斯特里克兰说："随着职位的步步高升，交流和人际关系也变得越来越重要。""多数人并不明白这点。他们依旧在为工作表现而苦苦挣扎。"摩根·斯坦利培训和发展部的副经理，劳伦·阿什维尔(Lauren Ashwell)认为："一些人能成为管理者是因为其成功的表现，而成为管理者后，他们需要管理的是其他人。新管理者并不清楚自己得到的是什么，但是他们知道正在失去的是什么，他们失去的是曾使他们取得成功的重要工作方式。”

教练能帮助一般的人在工作中提高效率，做到不轻易发怒。最明显的管理不当一般发生在性格极端的两类人身上：一类是粗鲁的人，他们具有侵略性并喜欢作威作福，或者是目的性太强而不能与同事发展良好关系；另一类是内向和害羞的人。教练还能起到协调组织关系的顾问作用，教导人们怎样通过表面看本质，解决关系链中的分歧。凯瑟琳·威廉斯说：“多数组织中的分歧解决是没完没了的。”

一个有着 40 年银行行政管理经验的管理者，在多家不同公司工作，却没找到能够满足他高要求的公司。他说：“我曾就职的公司文化是包容改变、发展迅速，且以结果为目的，这种文化非常适合我。但是公司想要改变，但又害怕改变。想以结果为导向，但还未做到这点。想要达到的目标比正在做的事更重要。”

由于不适合产生的不适感，容易激怒同事，“我变得弱智、固执，把事情推到一边，却不能真正解决问题。我感到紧张，有压力。我错过了周围正在发生的一切，包括人与人之间的互动性，也错过了能产生大量想法的细微之处”。

教练的关键好处就是让这个高级管理人员了解正

在发生的事情。"你不会冲到一家餐馆，然后说：'我现在就要食物！快上菜。'"这个接受教练培训的管理人说："在工作场所你也不能这样做。"或者正如教练所说的，你可以这样做，但是这并不会有任何效果。

正如人们所说，如果你被选中成为被训练者，应该心存感激，虽然也要带那么一点谨慎。毕竟，这是一个通向成功的最佳途径。你很幸运，处在21世纪，正受雇于一个看到自己缺点还依然器重自己的公司，而且事实上，更好的是，公司想在你身上作投资。

现在说说注意事项：保密是关键。教练的客户是公司而不是个人，自己出钱请教练的情况除外。首先，对于教练将反馈给公司的信息，要达成一致意见。适合分享的信息包括已经制定的目标、是否出席约定的约会、为目标所作的努力或是取得的进步。不适合分享的信息是个人问题，包括抑郁问题和婚姻问题。

保密是关键。
关于教练将告诉公司的信息内容上，
事先与教练达成一致意见。

如果自己想请一个教练，可以与所在公司的人力资源部门联系，或是与类似美国培训与发展协会(American Society for Training and Development)这样的当地的专业组织联系。选择在心理学或是组织发展学方面受过正规教育，或是在商界有着丰富实践经验的人作为教练。

但是私人聘请教练并不会像做脑部手术那样富有挑战性，教练一般不推荐用私人教练。斯特里克兰说，因为“我们很难知道我们所不知道的”。而这也是事实，人类的本性就是这样，多数人会丢掉我们最需要听到的事实。

但是，如果个人有自觉意识，那么职业工程（Career Architect）这个帮助人们制定个人职业发展计划的系统可能会有所帮助。建立在扎实的研究上，这项研究由前教练及培训师，迈克·隆巴多（Mike Lombardo）和其合作人，鲍勃·艾钦格（Bob Eichinger）在创意领导中心共同进行，研究人们如何以及为什么成功或失败。位于美国明尼阿波利斯（Minneapolis）的洛明格公司（Lominger Ltd）保存着这个研究的纸质版本和电子版本。

对那些相信问题总是别人的，并因此喜欢躲在“熟视无睹”这个靠垫后的人，这篇文章可能向他们展示了一种可能，即自我审视和发展可能会使自己受益匪浅。对组织活动熟视无睹的行为包括忽视自己的缺点，已经成为过去式。

2. 给疲劳过度的高级管理者的帮助

2. 给疲劳过度的高级管理者的帮助

雪橇铃声响起。你能听见吗？你很有可能听不见。很有可能，你听到的是最后时刻钟的滴答滴答声：要追赶的飞机、要赶去的约会、要完成的报告、要搭乘的火车、要参加的会议、要答复的电话……当今的挑战并不是紧张的工作场所，这个挑战是：紧张无处不在。

有人认为这是个人问题，当然，这种想法是对的。(毕竟，除了伴侣或是孩子，谁会比自己更了解自己呢？)但这也是一个生产力问题。在肯塔基州路易斯维尔(Louisville, Kentucky)的管理咨询顾问汤姆·布朗(Tom Brown)认为，要能够在商业环境的持续压力下，在“过度紧张”下生活和工作，是现在很多人需要把握的基本职业技能。

现在的过度紧张与以前有所不同。在 20 世纪 70 年代，“倦怠”这个词曾广泛地用来解释个人疲劳，这种疲劳使生活节奏太快的专业人士受挫，其中包括很多所谓的帮助他人应付倦怠的专业人员，专家认为，现在的管理者经历的是一场全新的疲劳。

“我们已经改变了工作的意义”

我们了解技术、全球化和正在成熟的美国市场，但我们并没意识到，人们多大程度地改变了工作性质。加利福尼亚大学伯克利分校（the University of California Berkeley）心理学教授，也是《倦怠真相》（*The Truth About Burnout*）的合著者之一，克里斯蒂娜·马斯勒（Christina Maslach）说：“我们已经改变了工作的意义。”季度和财政年度的业绩目标变得越来越难达到。管理者也扩大了管理范围。在无界限的组织，工作似乎永无休止。下属和同事分布在不同的地区。欧洲时区早上9点安排的电信会议，要求位于中央时区的美国管理人员在凌晨3点接电话。顾客也同样如此。卖主、转包商，以及顾客几乎无时无刻不在催着管理人员起床，与他们联系，然后准备工作。

墙已被推翻，我们被抛到了没有界限的生活中。公司必须日夜为业务待命，所以员工也无可避免。如果管理者的家曾经是个人的城堡，那么现在已不复存在。饭后休息时间已经成了电子邮件、音频邮件、传真，以及所有在当天还待完成的任务的黄金时间。（谁曾在感恩节为这样无处不在的工作而感谢上帝呢？）

《你不必工作到筋疲力尽才回家》(*You Don't Have to Go Home from Work Exhausted*)的合著者之一,杜安·特拉梅尔(Duane Trammell)说:"为什么管理者会感觉被压跨,这很容易理解。为完成工作,他们只有一个办法,把所有读、写,以及做工作回顾的任务带回家。"

新斯科舍(Nova Scotia)阿卡迪亚大学(Acadia University)的纯理论和应用科学系的系主任,以及马斯勒关于职业倦怠一书的合著者,迈克尔·莱特(Michael Leiter)认为,对于不能应付紧张工作节奏的人来说,组织和职业带来的后果有着潜在的毁灭性。被压跨的感觉"使自己在做一切事情时都变得迟钝"。随着判断力的降低,效率也随之降低。马斯勒发现被工作压跨的管理者数量在逐渐增加,特别是在那些需要不断与人接触,而且需要在工作中耍手段。他们的办事效率大大降低。这样的管理者"试图想远离工作环境",她说:"对自己所做的任何事都可能改变局面的这个期望,抱着讽刺的态度。"他们试图寻找减少工作的方法,并在幻想怎样避免工作中浪费时间。

你是疲劳过度的高层管理人吗?

下面这个非科学的测试是受《倦怠真相》(*The Truth About Burnout*)的开篇影响,并受到管理者们的现实经验的启发而完成的。如果下列一半以上的问题，你的回答是"是"，那么你可能正处于过度紧张状态中，你需要采取我们已经描述的措施恢复到有利于自己的状态中。

- 当你听到"全球经济围棋比赛"这个词时，是否认为自己是棋盘上的一个兵？
- 你更多地把技术看作是自己的敌人，而不是提高自己工作效率的帮手？
- 你是否感觉组织内一个更具权威的人正对你进行细微管理，而这个人甚至从未直接与你说过话？
- 每天早上当你去上班时，自己的伴侣或是孩子是否还在睡觉，而当你晚上回家时，他们又都已经上床睡觉了？
- 你有时候感到，因为工作要求，你不能对自己非常在乎的集体项目或是组织作出承诺？

克服高度紧张的最佳方法

"喔，是的，"你感叹道，"应该告诉我一些我还不知道的东西。"确实有少数责任心强的管理者，他们兢兢业业地工作着，不管是上班时，还是在家里。但他们头脑清醒、心情愉快，而且能够出色地完成工作。也许他们是生物高级基因的代表。这些管理者都建立了一套克服高度紧张的最佳方案，而对我们这些平凡人来说，很难马上付诸行动。

GTE 学习方案部的副经理助理，杰里·塔克（Jerry Tucker）在这家拥有 21 亿美元资产的世界级公司协调 110 000 名员工的发展。塔克每周都会往返于加拿大温哥华（Vancouver）、加拉加斯（Caracas）及其他地区。曾有段时间，他 70％的时间都生活在往返各地区的路上。他已为 GTE 工作了 30 年，而且他似乎比以往任何时候都更乐观、轻松。这是因为他发现了一系列的防止倦怠的技巧。

他显然掌握了一系列对付紧张生活的措施。塔克有一套整理行李的系统，包括一个刮胡子的套盒，和已经搭配妥当的衣服。他说："20 分钟内我就能作好准备，前往机场。"去了太多地方出差，他常会在半夜醒来，不知身在何处。他坦言："有时，一觉醒来，我就在想，'我是否迟到了？'"为此，塔克每天至少做一次放松练习和冥想，以舒缓紧张的生活。他说："即使在飞机上，让脑袋保持 20 分钟的清净，也有很大帮助。"

在安排行程上，他也没遗憾之处，为应付不可避免的约会或是旅途延误，他在不同约会之间也会进行冥想，所以他有自己需要的时间，否则这些都会使人感到惊慌。他说，"这还有利于培养幽默感，所以当工作压力变得不胜负荷时，你还可以深入内心，看看自己是否还心智健康。”

他在工作上作的最大努力，是极其认真地管理自己的团队。他去工作场所与员工沟通，以确保自己的团队没有偏离共同目标。“现在，如果不能确保团队每个成员理解目标和需要优先考虑的事项，很难成功进行管理，因为理解是做对事情的要素之一。”塔克意识到，一个运作顺利的团队是驱除高度紧张的关键：他把团队看作是公司业务和他自己业绩的基本单位。他说“如果管理者不信任团队，不授权给团队，不委派自己团队作为代表，那么很快，连最坚强的员工也会被工作给压垮”。

尝试所有努力，但不是同时作出努力

塔克在家里计划“心智时间”。他有意识地安排一段不受工作干扰的时间，与他的伴侣一起度过，与社区组织一起工作，或者培养兴趣爱好。“几年来，我培养了很多兴趣爱好，在大自然环境中工作，垂钓，参赛飞靶射击。我现在没有投入到所有兴趣中去，这是不可能的，我现在是轮流做这些感兴趣的事，在不同时期做不同的事情。”

这样，塔克就把阿卡迪亚大学迈克尔·莱特（Michael Leiter）的建议付诸实施。莱特说，被压垮的管理者通过管理自己可控的高度紧张，就能走出困境。“每一个管理者必须作出选择，”他说，“如果你觉得自己很疲惫，这正是发现问题的时候。只有对自己能够做的以及将要做的事情作出选择，才能集中精力。”

《你不必工作到筋疲力尽才回家》（*You Don't Have to Go Home From Work Exhausted*）的作者之一，安•麦吉-库珀（Ann McGee-Cooper）建议，尽量选择在“不计失败，鼓励学习，欣赏员工，并重视团队协作”的企业文化中工作。但更重要的是，要意识到如果我们不能改变工作量，那么我们就得改变自己。而且我们要尽自己所能让工作易于管理。这是关闭最后期限警钟的一条可行途径，只有这样，才能听着雪橇铃响起，并面带微笑。

参考阅读

The Truth About Burnout: How Organizations Cause Personal Stress and What to Do About It by Christina Maslach and Michael P. Leiter (1997, Jossey-Bass Publishers)

You Don't Have to Go Home From Work Exhausted! A Program to Bring Joy, Energy, and Balance to Your Life by Ann McGee-Cooper with Duane Trammell and Barbara Lau (1992, Bantam Books)

3. 提高情商

戴维·斯托弗

David Stauffer

3. 提高情商

戴维·斯托弗

你参加培训和发展项目了吗?你是否因为研究课程使工作量增加了一倍,并努力阅读教程的所有内容——从策略地实现目标到预测行业的未来发展等?你的大脑是否因必须实现的财务目标而过度担忧,以至无法思考其他事情?

如果是这样,你可能希望休息片刻(只是一小会儿),考虑一下是否可以采取不同的策略。很多人长期背负着这样一个误区,认为吸收和处理大量信息的能力是职业成功的关键。但现在,对管理者成功所需能力和竞争力的新思考已经集中到一个更为重要的能力,即处理情感的能力。

专家们说,如果不能管理共事中的人,那么与信息有关的智力和技能将只能有限地使用。

直到现在,认为情感或交际能力有别于智商的这个观点,在高级管理者教练和心理学家间流传最多。一些专家,如人力资源培训和发展专家,对"交际能力"的讨论已为时不短,这个宽泛而模糊的概念,是工作场所的代名词，我们经常由此想到在儿时的惯用语："和他人一起融洽地合作和游戏"。

究竟是怎样做到在工作和游戏时都能表现出色？到底什么是表明个人的技能？现代管理学家正在试图使用学者保存和制作蝴蝶标本的方法分析和确定成功的因素。而现在他们想和我们分享这些秘诀。

1995 年畅销书《情商》（*Emotional Intelligence*）的作者，丹尼尔·戈尔曼（Daniel Goleman）认为，我们确实在处理一些不同的能力。该书的书名"情商"是指"情感读写能力"，因为它沟通的是特殊技能思维，就像计算机的读写能力。他说"情商（EQ）"就是阅读、传递，以及和人沟通的能力。他在研究 20 世纪 40 年代哈佛毕业生职业生涯时，才开始发现情商的重要性。他发现，最成功的人并不是智商最高的人，而是表现出最高情商的人，这个发现已经得到日趋庞大的研究队伍的支持。

戈尔曼相信，情商可以通过培养自觉意识的个人化培训学到，我们对自己的洞察可以应用到其他人身上。他和其他一些人建议自我意识、公德心，以及共同感的培养。戈尔曼尤其相信冥想的作用，除了给《纽约时报》（*The New York Times*）撰写医学文章外，他还偶尔教授冥想课程。有些人留意到"om"这个圣语（梵语，在郑重断言的话语和祝福话中作祷文——译者注）在我们的文化中尚未被认可为关键的生产力工具，但有些作者已经著书立说，提供了更实际地练习情商的窍门。

管理情感，而不是压抑情感

那些教导人们提高情商的人事实上无不例外地表明了一点，就是提高情商可能带来的害处，即压抑情感的可能。但他们说，我们的目标是使人们合理地管理情感。

《工作中的情商——成功最新法宝》(*Emotional Intelligence at Work: The Updated Edge for Success*)的作者，心理学家亨德里·韦西格建议(Hendrie Weisinger)，在会议中被老板否决后要跟自己交流，他把这称为"建设性的自我对话。告诉自己，'他说的毫无道理。我不会跟他一般见识。我不会表示自己的愤怒。我知道自己的想法很不错。'会议后，再去想办法解决被老板否决的方案"。

韦西格发现，在如上情形下，个人就是在管理情绪的"组成部分"，包括自己的"想法、生理变化，以及行为"，这些情绪组成部分都会影响个人。在情绪激动时改变想法，可以更容易地进行情感管理。韦西格认为，"建设性的思考能帮助减慢生理变化的速度和行为速度；减弱的情绪又能帮助控制思想和行为；有效的行为反应，如深呼吸，能帮助消除破坏性的内心想法，并有助于回到平和的情绪状态。”

了解自己的情绪点

在看似无法控制的情绪，如愤怒、喜悦或者其他的强烈情感爆发时，我们可能只是怯懦地任其自生自灭。戈尔曼提醒我们，在这样的时刻，我们需要听从恰当的建议，可以借助苏格拉底的古典哲学。“了解自己。”戈尔曼说，了解自己指的是“情商这个关键点：情绪高涨了，自己对此得有意识”。如果在有了表情后才产生自我意识，即使间隔一瞬，这种自我意识也来得太晚，因为“被情绪击中和意识到自己正被这种情绪席卷而走”之间有着很大区别。

韦西格建议大家，要自觉意识到“所有情商技能建立的基础”。他建议“要严肃地思考并努力探索自己在工作生活中对人对事的反应”以磨炼情商。他认为最简单，但也许能立竿见影的练习就是“在一天中，多次询问自己以下几个问题：‘我现在感觉如何？我想要什么？我表现如何？我在做怎样的评价？我的感觉告诉了我什么？’”

韦西格还建议选择一个情感教练，此人可以作为自己处理和对待问题的模范。“这个人是自己在需要知道该如何做时可以参考的对象:'我的教练在这样的情况下会怎么做呢?又会怎么想呢?'"

如果你不是一个乐观主义者,那么努力成为其中之一

如果提升的自我意识和更加娴熟的自我管理能力是情商的基础,最后还需突破的一关就是乐观精神和弹性度。这两者是保持动力和防止倦怠的必要条件。戈尔曼说,乐观是"防止人们在困难时期变得冷漠、无望或者压抑的缓冲器"。虽然从某种程度上说,乐观和悲观的看法是"天生性格"的一部分,但是他说,"乐观和希望也能后天习得"。

认知心理学家们也同意这个观点。[见《乐观,也可以后天习得》(*Learned Optimism*),作者马丁·E. P. 塞利格曼(Martin E. P. Seligman),和《和自己交谈时说点什么》(*What to Say When You Talk to Yourself*),作者查德·赫尔姆斯特(Chad Helmstettle)]他们建议通过"乐观的自我对话"养成"有能力做"的态度。管理者应该告诉自己,"我能够做这个营销计划。我已经调查了所有的数据。没人比我更了解这个市场。不管怎样,我会完成这个计划。"比起那些在内心对话中需要与困难和恐惧周旋的管理者,这样的内心

对话能减少折磨，也避免浪费时间。

即使最快乐的人也会有困难时期。《高级管理者情商——情商和组织中的领导》(*Executive EQ: Emotional Intelligence and Leadership in Organizations*)的合著者，罗伯特·K. 库珀(Robert K. Cooper)说，愉快的心情"可在任一方式下得到更新，例如，跑步、一个拥抱、和信任朋友的一次谈话、几分钟的新鲜空气和阳光、健康的小吃、热茶或者喜爱的音乐，或者重看《风流医生俏护士》(*M * A * S * H*)和《我爱露西》(*I Love Lucy*)这样的搞笑片"。他说，爱因斯坦就是自我重建的大师，他在工作中和生活中投入了相同的热情。离开工作的生活"包括了丰富多彩的活动，如划船、散步、在草坪上赤脚站立、从事平凡的家务，或者进行天真的冒险。爱因斯坦非常重视这些活动，认为它们有利于情感和脑力的更新，即使在他成名后也坚持了这样的生活方式"。

读懂他人的情感

在我们急于完成各种任务的同时，还要花费精力去研究同事的情绪。高情商的人把这作为一个习惯。而对此，戈尔曼指出，这是旧式共同感的习惯。

《高级管理者情商》(*Executive EQ*)的作者，罗伯特·K.库珀和艾门·萨沃夫(Ayman Sawaf)说,如果我们丢失了共同感,可以通过基本的观察重新获得。这听起来似乎像催眠精神分析师在潜意识内提的建议一样,他们说:“看着(他人),感觉他们的感觉。注意他们的眼睛、姿势、手势和紧张程度。听他们说话……这样,当你与每个小组成员交流的时候,就可以把这些深入的感知考虑进去。”

运用情商帮助其他人提高情商

组织是建立在一个人与人之间相互关联的关系网之上的,关系网上的人都关系着组织的利害。韦西格相信,组织的力量来源于个人关系的力量,而且最强大的组织是建立在具有高情感认知能力的员工之上的,这些员工能相互帮助,提高情商。

戈尔曼和其他一些人认为,为培养情商所作努力中得到的回报是显著的。“那些能娴熟地进行社交的人,就能比较顺畅地与他人建立关系,敏锐地读懂他人的反应和感受,能胜任领导和组织,以及处理分歧……他们是天生的领导者,他们能表达未被说出的集体情感并清楚地将其表述出来,并领导一个小组朝着目标前进……他们能给他人带来好的情绪,于是别人对他们的评价总是,‘跟这样的人在一起真愉快。’”而这就是生产效率。

参考阅读

Emotional Intelligence by Daniel Goleman（1995，Bantam Books）

Emotional Intelligence at Work: The Untapped Edge for Success by Hendrie Weisinger（1997，Jossey-Bass）

Executive EQ: Emotional Intelligence and Leadership in Organizations by Robert K. Cooper and Ayman Sawaf（1997，Grosset/Putnam）

4. 管理上司的基本原则

吉姆·比林顿

Jim Billington

4. 管理上司的基本原则

吉姆·比林顿

那些轻视管理上司的人认为，在管理上司上花时间比奉承上司更有用。管理顾问以及作家，道格拉斯·史密斯(Douglas Smith)说，最坏的是，如果人们忘记管理外部环境，他们会沉迷于管理上司中。“组织必须把注意力从内部老板身上转移到外部的顾客身上。”史密斯在《把握改变》(*Taking Charge of Change*)中这样写道。

然而高效的管理者并不必把这些活动看作是互相独立的。上司和下属间的紧密联系有利于顺利地开展工作。因沟通不足、误解和被动进攻或回避战术造成时间和精力的浪费，如果投入到顾客身上，可能会得到更多回报。

就让我们直接正视这个问题吧。与老板建立良好关系是一个生存技巧，而且在组织结构日趋平坦的组织里，这比以往任何时候都关键。所以应该与办公室的上司建立良好关系。

迈出第一步：通过观察老板的眼睛，决定自己要应付的是怎样一个人。

理解老板的思想

塞缪尔·卡伯特(Samuel Culbert)在《思维管理——领导的心脏》(*Mind Set Management: The Heart of Leadership*)中写道,"在你知道另一人是怎样看问题和想问题之前,管理……只是演示权利和进行操纵罢了。"

我们很容易忘记一个基本的事实,那就是每个人对世界有着不同的看法。而细微的不同就能引起极大的误解。所以要耐心地收集有关老板看待世界的一切信息。可以与其他员工、供应商和顾客以及朋友进行交谈。老板是否把竞争环境看作是个零和的游戏,老板是否会关注能够让更多人获胜的机会?老板胸怀大志,还是只有适度目标?老板对工作努力的下属感到受威胁,还是会受到他们鼓舞?

任何关于老板怎样形成其思考和行动的信息都将帮助管理者去了解老板。诺伯特·奥伯(Norbert Aubuchon)在《说服解剖学》(*The Anatomy of Persuasion*)中说:"所理解的管理需要的清晰而经证实的思想,是管理本身的观点,而不是个人观点。"

以老板的风格与老板沟通

约翰·加巴罗(John Gabarro)和约翰·科特(John Kotter)在1993年的《哈佛商业评论》一文《管理你的老板》(*Managing Your Boss*)中写道:"有效的管理者明白,自己可能会低估老板需要了解的东西。"他们也会"以适合老板的沟通方式,确保老板及时获得信息"。

彼得·德鲁克把老板分成"听众"和"读者"两类。读者希望信息以书面报告的形式传达给他们,这样,他们就能在与管理者交谈前研究报告。听众希望先听信息,然后阅读报告。有些上司需要详细的背景,另一些上司则希望细节越少越好。同样,有些上司愿意事无具细地插手日常工作,另一些上司则看重授权。还有一些上司在工作顺利进行时,不想看到来自管理者的报告,但在情况不佳时,他们很乐意帮助解难。不要用每日更新信息的速度报告工作,以造成老板授权的终止。给上司一个阅读的机会。如果这还不够复杂,那么记住,多数管理者因与老板沟通不足而犯错。

学习倾听隐含线索去判断老板是怎样一个人

为理解老板的处事风格，必须学会倾听隐含线索和显性线索。

为快速完成工作，我们会变得吝啬于倾听，但这正适得其反，使工作效率降低。在工作中，多数人用3/4的时间进行口头沟通，而口头沟通中的1/2时间则用于倾听。但是根据托尼·亚历山德拉（Tony Alessandra）和菲尔·亨塞克（Phil Hunsaker）所著的《工作中的沟通》（*Communication at Work*），当我们倾听时，真正有效的倾听部分只有25%。所以有3/4的倾听内容只是左耳进右耳出。

在交谈中，是否曾发现老板、同事或者是伴侣向你传达了一种有趣的神情？这或许是因为你的齿缝间塞了一大片生菜叶子，这或许也是他们给你发出的一个信号，说明你有必要提高自己的倾听能力。亚历山德拉和亨塞克还提供了管理注意力的有用建议。

两种类型的倾听将帮助管理者理解自己的老板。这两者都需要投入精力并付诸实践。第一种是评价性倾听，这种倾听是为了回答问题，然后形成判断。第二种是积极倾听，把自己置身于他人的角度，暂缓判断，并提供持续的口头和非口头反馈信息。积极倾听将是理解老板的关键因素。积极倾听者推动了积极交谈者。同感通常能够鼓励坦诚。

了解自己

如果不了解自己，对老板的深入洞察也毫无意义。自己的思考方式和风格是什么？目标是什么？如果自己是读者，老板是倾听者，你必须用更多语言来沟通。如果在接受信息和发送信息时，老板没有作出相应沟通，或者老板这样做是因为组织的要求。管理者必须找到自己需要的信息进行清晰的沟通，使老板感到你并没有拖他的后腿。

如果你的思考方式是零和，而老板却认为有无尽的机会，那么你就有发展的机会。如果老板是一个授权者，而你则希望事事亲为，你必须寻找其他人倾听你的所有细节。另一方面，谨慎地向老板描述你们的工作方式差异，或许这能说服老板调整他的方式，以更好地适应你的方式。

在对自己进行评估的时候，要特别注意自己如何看待老板在自己职业生涯中的地位。加巴罗和科特认为，可以把下属分为多种相互依赖和相互排斥的梯度类型。一种是相互依赖的下属，把老板的作用，看作是对自己发展的一大帮助。一种是相互排斥的下属，把老板看作是自己发展的绊脚石。与老板的亲密或是疏远程度由"依赖"程度决定。

定义老板对自己的期望

在了解了老板和自己后，定义老板对自己的期望是下一个必须面对的步骤。从某种程度上说，这是在争取一致意见，或者准备一份不正式的代表双方意见的文件，定义各方的期望。

有些上司会详细描述他们的期望。这些期望包括的范围(上司希望下属注意的问题)很广，具体目标(需要完成的项目，或者下属在工作中需要提供的信息新)也很多。

虽然有些上司会阐述他们所想要的东西，但多数上司不会。如果老板没有详细地描述这些目标，作为下属应该准备一个备忘录，记录相关目标。并把它寄给老板，以得到信息反馈和认可。一次追踪交谈通常会使老板合盘托出他对你其他方面的期望。

如果老板对你传达的目标信息无动于衷，那么可以就"我们的目标"，和在软件工程中被管理者称为"作用和责任"这一话题，主动找老板进行非正式的交谈(注意"我们"这个具有纽带作用的词语的使用)。

定义自己对老板的期望

下属一般羞于定义自己对老板的期望，但是如果下属知道自己对老板的期望，可能会得到意外惊喜。

如果告诉老板自己需要一个沟通平台，例如，每天花5分钟讨论工作进展，老板可能会给你10分钟。另一方面，如果想在没有阻力的干扰下完成项目，可能需要事先提交报告，清楚说明自己开展工作借助的工具。这些报告还要清楚说明，在必要时，自己会请求其他帮助。随着时间的推移，可以发现这个过程有助于把事事亲为的上司塑造成一个授权者（也会发现，自己用直接报告抑制了直接介入工作的管理趋势，因为你对过多监督产生的束缚有了新的理解）。

当下属害怕定义对上司的期望时，就会存在沟通问题或感到一些不适。如果下属认为上司应该理解自己的需求，坚持上司就应该不同，或是否认自己的存在，情况不可能得到改善。

这个过程将塑造与老板关系中最重要的特征：信任。所以需要建立信任。

建立信任

塞缪尔·卡伯特在《思维管理》中写道:“信任关系是管理效益的基础组成部分”。

信任是相互理解、目标一致的副产品。如果管理者完全明白老板满意的是什么,并且使之与自己的工作方式和目标相吻合,这样就能建立信任关系。不信任源于沟通不足,缺乏理解,或者是目标不一致。

与老板建立相互理解的关系,就能减少不统一,尽量达到目标一致。还能最优化相互的利益关系,而这恰恰也是任何能够发挥有效作用的关键因素。

参考阅读

Communicating at Work by Tony Alessandra and Phil Hunsaker (1993, Simon & Schuster)

"Managing Your Boss" by John J. Gabarro and John P. Kotter (*Harvard Business Review*, May-June 1993)

Mind-Set Management: The Heart of Leadership by Samuel A. Culbert (Oxford University Press, 1996)

Taking Charge of Change: 10 Principles for Managing People and Performance by Douglas K. Smith (Addison-Wesley, 1996)

The Anatomy of Persuasion by Norbert Aubuchon（1997, AMACOM）

5. 你正被迫走向失败吗？

康斯坦丁·冯·霍夫曼

Constantine von Hoffman

5. 你正被迫走向失败吗？

康斯坦丁·冯·霍夫曼

也许你对警告信号颇为熟悉。老板可能因为任何一种原因不再那么信任你，开始怀疑你的建议，监督你的每个举动，再三猜测你的决定，或者甚至不让你作任何决定。那么欢迎来到这个俱乐部——被迫走向失败综合症。

这个现象由琼-弗朗索瓦·曼佐尼(Jean-François Manzoni)和琼-路易斯·巴梭(Jean-Louis Barsoux)在他们的研究《被迫走向失败综合症》(*The Set up to Fail Syndrome*)中提出，该文发表在《哈佛商业评论》1998年4月的期刊上。这两个研究者采访了在四大制造组织中的50对老板—下属组合。调查了来自不同国家和行业的850个高级管理者以验证他们的研究结果。研究表明，世界各地的管理者因制造了使员工失败的机会，而“导致了自己的不良业绩”。

这个综合症的开始一般非常无辜。有时，下属确实存在工作上的问题。但更多的是因为老板和下属之间"态度、价值观,或者社会特性"的不同而引起的,而上司却断定这是因为下属的问题。综合症一旦开始,就会按其固定模式发展。老板加强了监督,希望给下属指示工作的正确方法。"这些行动是为了提高业绩,避免下属犯错,"曼佐尼和巴梭写道,"但不幸的是,下属把加强的监督误解成上司对自己缺乏信任和信心的表现。"不久后,老板对下属明显的期望降低使员工怀疑自己。这使老板进一步证明了该员工"确实表现不佳"。

有时员工在工作表现上确实存在问题。
但更多情况是,
老板主观断定员工存在问题。

不只是理论

向人们询问起这个综合症,就会发现原来这个问题是多么普遍。目前是人力资源顾问的迈克尔·巴克尔(Michael Backer)回忆起自己在为一家保险公司工作时,也曾处于这样的处境:"他们断定我不适合那个职位。"目前在马萨诸塞州南伯拉夫(Mass. Southborouh)经营赛利德有限公司(Salitude Inc)的巴克尔说，“那个管理人员花费了大量时间来阻挠我…… 他们给我设立障碍，然后他们让我在短得荒谬的时间里完成任务。”当巴克尔即将离开公司的时候，情况变得更糟。“他们说：‘只有完成这个项目，我们才会给你退职福利金，虽然我们知道你并没有能力将它完成。’”

这种综合症并不局限于工作场所的某一部分。“我在各个工作层看到过这种综合症，”在马萨诸塞州斯托（Stow，Mass.）的人力资源顾问公司思考 & 计划 & 行动（Thinking，Planning，Doing）的负责人，霍怀德·亚当斯凯（Howard Adamsky）说，“我听到有人这样说，‘市场部副经理在这里已经 6 个月了，却一事无成。’”而且，这个综合症可能起源于某人跨进办公室开始工作的那一刻。“我与已经在那里呆了 20 年的人有过离职会谈，这些人都记得工作的第一天。他们从一开始就犯错，没人向他们解释工作内容，也没人向他们说明工作预期。”

亚当斯凯说，导致综合症的一个普遍情况是当上司期望某人完成某项任务时，但却没有给予这个员工必要的权利。工作没完成，上司就会感到意外。亚当斯凯说：“如果我给你任务，我也必须给你完成任务的权利。”

该做什么

虽然多数人对被迫走向失败综合症比较熟悉，但很少有人知道怎样应付局面。亚当斯凯·巴克尔和琼-弗朗索瓦·曼佐尼这样警告道：希望在老板的好态度重新回到以前的状态，很难，甚至是不可能的。

开始对话

“对下属来说，一个选择是发起讨论，”曼佐尼说，“希望这样的讨论能与老板发起的讨论有一样的结果。”虽然这是一件可怕的事，但也许对自己和老板都是件好事。他还说：“让老板主动提出这个问题并不容易。”老板会感到“威胁和窘困”，而且可能不知道该如何做。

你正使他人被迫失败吗？

即使是最好的管理者也会犯错。管理者很容易在自己的下属前变得易怒和无理，却不自知。但是一旦认识到自己对某人的方式弊大于益，又该怎么做呢？

根据琼–弗朗索瓦·曼佐尼和琼–路易斯·巴梭的说法，可以按照下面五个步骤来进行：

1. 为讨论问题创造合适的环境

选择不受威胁的时间和地点，最好是非工作场所。在会面的时候，使用肯定的语气；明确说明这并不是单方面的抱怨。

2. 双方对问题需要达成一致意见

必须在员工比较薄弱的领域内取得相互理解。

3. 双方必须就可能引起不佳业绩的原因达成一致意见

员工在安排工作和时间方面有问题吗？员工的知识或者能力不够吗？在这方面，曼佐尼和巴梭写道："老板主动提起自己对待员工的行为，及其对下属业绩的影响这一话题很关键。"

4. 双方应该就工作目标，以及对双方关系改善的期望，达成一致意见

曼佐尼和巴梭写道："就他们共同认可的根本问题，老板和下属必须进行调解，计划应付对策。"

5. 双方应该同意在将来进行更为坦诚的沟通

对老板来说，就应该告知员工：他说的一些话暗示着对下属降低期望。对下属来说，就是应该被告知：他做的一些事，触怒还是迷惑了老板。

可以肯定的是，有时讨论结果并不令人满意。对于这一点，人力资源顾问巴克尔说，这正是实施一个专业而尊重他人的离职策略的时候。“给予员工合理的时间，允许他寻找其他机会。取决于工作和经济条件，这可能需要一个月或者三个月。如果员工还保留着职业道德，他们就会去做自己能胜任的事情，并把辞退目前的工作看作是一件好事。”

提出讨论规则

一旦员工和老板同意进行一次讨论，员工需要提出一些规则以有效地利用这次机会。“你想在非工作场所与老板坐在一起。不想在任何一方的办公室喝一杯咖啡，”亚当斯凯说，“你想说，‘你对我的工作表现并不满意，我想要清楚地知道问题究竟在哪里。’”员工最重要是要找到三件事的答案：出了什么样的问题？老板希望你完成的任务是什么？希望你在什么时候完成？亚当斯凯补充道，从这点上来说，你正在做的是老板早应该做的。而你，事实上，正在管理自己的上司。

完成一些任务

下一步，为满足老板的期望，必须按优先次序实现目标。“目的就是完成自己承诺能够完成的事情，”亚当斯凯说，“每实现一个目标，就是让他人知道：‘我对你做了承诺，并且已经兑现了承诺。’这就是重新树立个人信用的方法。”曼佐尼还补充了下属在此过程中应该记住的另三点建议：

努力保持自信。对员工来说，这是一个艰难时期；要记住自己能胜任的事情以及已经出色完成的任务。

与妥协情绪斗争。这段时间，会有一股强烈的、想退出的情绪，并会花大部分精力用来自卫。如果这样做，就是证实了老板对自己的怀疑。

要适可而止。为重新取得老板对自己的良好印象，不要试图去做超出自己能力范围的事情。否则，就相当于拿起石头砸自己的脚。

不要放弃

如果向老板询问自己的问题在哪里，曼佐尼说：“不如问问自己，老板喜欢比尔、乔或者辛西娅这些人身上的什么东西。或许你会发现，‘老板喜欢就是像X、Y、Z这样的人，而我与他们并不相像。’然后就可以做一个决定:努力使自己变得像他们一样,还是坚持用自己的风格取得成功。"另一可能方案是:或许你能绕过老板的这道障碍,不必改变老板的想法。如果你在同一家公司的其他部门曾经有过出色的工作表现,可以尝试与前老板进行一次交谈。他也许能给你提供一些建议,他或者甚至可以与目前的老板在工作之余进行交谈,改变他对你的看法。

参考阅读

"The Set Up to Fail Syndrome" by Jean-François Manzoni and Jean-Louis Barsoux (*Harvard Business Review*, March-April 1998)

第四部分

把握人际关系网络和人际关系的建立

不管你想改变职业还是想改善目前的工作，可能都需要他人的帮助。人际关系网络和辅导（与经验丰富，并给你提供支持和建议的专家培养关系）能给个人提供极其重要的机会，使管理人员面临工作场所特有的复杂人际关系和政治现实仍游刃有余。

这部分文章将提供一般的人际关系指导，包括如何做到付出和得到的双向交往途径，例如加入人际关系俱乐部或者协会。在这部分，读者还将发现建立辅导关系网络的策略，这些辅导就是在组织内以及组织外，可以与之发展互利关系的个人。本部分的最后一篇文章探讨了个人在发展下一步职业阶段时必须掌握的政治技巧。

1. 害羞的人能学会运用人际关系吗？ 来自专家的答案

1. 害羞的人能学会运用人际关系吗？

“此刻就开始建立人际关系，切不可当自己在大街上流浪时才开始行动。”丹尼·布卢姆(Danny Bloom)太多次地听过这个建议，以至于他认为自己生活在一间带有回音的房子内。他的职务是地区商业银行的质量控制高级副经理，这份工作当然给他的邻居留下了颇为深刻的印象，但是他自己非常清楚，银行合并使员工摇摆不定，而质量总监的职位更是首当其冲不稳定的职位。麻烦的是，丹尼并不善于闲谈拉关系。他把自己在西翼银行(West Winds)的步步高升归功于自己的努力工作，而不是依靠宣传或是卖弄简历。

确实，在银行的 7 年，他从出纳员上升为市场部的副经理，击败了诸多寻找工作的 MBA。当银行经理请他出台主持一套完整的质量管理方案时，他把这视为一项荣誉。两年内，他把很多个夜晚和周末贡献给了质量实践方面的正式培训，最终上升到了目前的职位。在此过程中，他变成了一个真正的信徒，坚信全面质量管理(TQM)思想能够改革服务行业，正如其能够改革制造行业一样。而且，直到最近他还认为质量是一个热门领域。

但后来，他开始担忧。他已经43岁了，家有妻子和两个马上可以进大学的孩子。虽然西翼银行的业绩稳定地优于该行业的平均水平，但他认为银行将在几年后继续裁员。

最令他烦恼的还是质量控制协会（Society for Quality Control）会议上一张张阴沉的脸。对他来说，这个专业协会似乎已经变成了一个稍欠活跃的就业招聘会，已经有越来越多的人在会议上推销自己的简历。某人说："TQM是执行总裁一时的爱好。"还有人对丹尼说："我很意外你的老板还保留这样的职位。"并建议他回到市场部门工作。

但是丹尼很喜欢质量控制，他并不想去其他部门工作。那时经理请他接手质量改进的职位，并答应在老板未改变前，可以一直呆在这个职位上，事情也如此。"我并不是一个单足跳者。"丹尼这样对一个曾给他打电话的猎头说。丹尼的妻子也建议他至少关注一下周围环境，看看是否存在其他机会，并温和地向他指出，这可能更多是因为害羞，而不是忠诚，阻止他这样做。

在过去的几个月里，猎头的电话也终止了。丹尼寻思这究竟是为什么。困扰他的事实是，他喜欢那个他和家人一起生活了15年的加州小镇。"现在开始建立人际关系"的建议在他耳边鸣响，但他仍旧感到不自在。他还在想，"我该怎样去做呢？""我该怎样克服对这个念头的抗拒呢？"

来自专家的建议

埃米尼亚·伊瓦拉哈佛商学院教授

丹尼对人际关系网络的理解比较狭隘，对此还带着一种偏见，这对事情并不会有任何帮助。首先，丹尼应该对自己的人际关系网络有更宽泛的理解，不要局限在为得到工作而进行的交际，而应把关系网络看成是一个关系组合，以为自己今后的职业发展提供所需的资源。这些都将有助他在质量管理领域成为更专业的人才，在银行系统成为更出色的一员。丹尼需要明白他学到的新东西是什么？怎样把这些新知识增加到自己的技能组合里？凭借自己建立的人际关系和收集到的信息，他对公司和部门有多大作用？他的价值在于，与他能知道其他公司任何相关的质量情况和信息技术，一般来说，他必须以开阔的思维来思考自己的关系网络。

很多时候，人们进入这个陷阱，即天真地把“自己所知道的”和“从谁那里知道的”这两者一分为二。事实上，信息的获取途径会直接影响自己所知道的信息。我们正处于一个快速变化的世界，为使自己不淘汰的惟一途径是知道其他人正在做的事情，并收集一切可以得到的，来自于任何人的有用信息。丹尼似乎是在限制自己。他住在加州的一个小镇，大部分社交关系只通过一个专业协会建立。对于这个日新月异的世界来说，丹尼的人际网络显得比较狭窄。

丹尼应该了解一个背景知识，即人们在其整个工作生涯中，基本有着典型的三类人际交往：第一类是工作任务人际网络，这个网络是为完成实质性的工作而存在的。对于丹尼来说，这种交际就是搞好与他一起工作的不同部门同事的关系。第二种交往与第一种相互交叉，是职业人际网络。这些人能提供建议、辅导，以及一个理想的职业发展平台。他们能帮助你获得见解，取得富有弹性的工作任务，并向你敞开工作机会的大门。我们通常把这些人际交往与辅导关系联系起来，但是，当前，人们一般没有专门的职业辅导员，通常结交一些对自己职业发展起着作用的人。第三种人际网络，仍旧与前面两种网络相交叉，是同行业中的社交伙伴。这种交往更多建立在相互喜欢的基础上，并且一起从事社会工作。

丹尼在思考人际网络这个问题时，可能也忽视了人际交往中双向性的重要，忘记了给予与获得两者并存在建立人际关系中的必要性。丹尼把人际交往看成是人们为得到他所想要，或需要的工作信息而采取的肤浅行为。所以他所做的并没使自己成为他人的有用交往对象，因为他并没把人际交往看成一个双向渠道，在这个渠道，人们能给他人提供一些有用的信息以换取他人给自己提供的有用信息。

互惠并不意味着每个交往的人必须是自己最好的伙伴。只要双方存在给予与被给予的关系，就能顺利地开展富有成效的人际交往。但是这也并不意味着，只能与自己真正喜欢的人、有共同兴趣的人、与自己相似的人交谈。通常，与自己相似的人并不是乐意帮助自己发展和开拓的人。

个人的职业人际网络越多样化，就越能处于有利的位置，越能发现自己熟悉的社交圈和专业领域外的机会。所以，把自己的人际网络拓展到自己一般没有频繁接触的领域很关键。这样，就能听到平常不能听到的信息。而这也将使个人成为他人更有价值的交往对象。这并不只是个人从这些关系中得到的一切，这也是个人将带给他人的一切。

丹尼陷入了一个非常普遍的陷阱，他把注意力过于集中在自己所在的公司和自身作用上。我的研究表明，这样做是一个真正的错误，而且它根源于一个事实，即人们喜欢与自己相似，能够肯定自己价值、并与之相处愉快的人交往。但是我们从与自己相似的人身上得到东西却很有限。我们需要一些互补的东西使自己的知识得以更新。

苏珊·罗恩（Susan Roane）：《理性人际交往的秘诀》（*The Secrets of Savvy Networking*）作者

有闲谈的能力就能说明你是一个容易交谈的对象。一个研究表明，88%的人认为自己害羞。问题在于我们怎样克服害羞。事实上，害羞的人一般是健谈的人，因为他们注意力集中。

下面是害羞的人在社交场合可以应用的一些技巧。在交际场合，要视宴请方的习惯行事；尽量做到优雅，表现出对事物的兴趣。做一个有计划、有准备的自我介绍。阅读报纸，至少保证自己能谈论三个话题。交谈时，面带微笑，直视对方的眼睛。

艾丽·罗思(Allie Roth)：纽约市顾问公司，艾丽·罗思协会(Allie Roth Associates)经理

丹尼应该认真地审视一下自己优先考虑的选择，随着孩子们即将进入大学，他比较看重稳定的工作、生活的安逸，而不是对TQM的浓厚兴趣。如果质量项目被取消，他会选择银行的另一职位(如果存在这样的机会)，还是选择其他公司的TQM职位？他应该问问自己："我真正喜欢TQM的是什么？"或许因为自己喜欢解决问题，或许是喜欢在一个全新的"热门"项目中取得的领导地位，而这些才能他在另一领域同样也能得到发挥。丹尼不只属于市场营销或者TQM，他有广泛的兴趣和很强的能力。

丹尼可能永远不能成为一个出色的闲谈者，但是他能与银行内和朋友圈内自己信任的人交谈，以此来建立人际关系网络。如果他对TQM充满热情，就应该设法在银行外建立自己的交往圈。我通常建议客户根据爱好来寻找工作的意义；丹尼对自己专业的爱好使他很好地推销自己。如果他有研究和写作的能力，可以为商业出版物撰写文章，或者在贸易协会会议上演讲。这并不会威胁他目前的工作。相反，他在自己专业领域获得领先地位的荣誉会对他所在银行声誉有好的影响，这也将建立他个人在银行内的声誉。

朱迪·罗斯玛丽(Judy Rosemarin)：阿伯集团(Arbor Group Inc)人力资源部高级职业管理专家

关系网络的真正形式并不只是能得到一份工作，而是能建立和保持良好的相互利益的人际关系。另一种解释就是，人际关系网络是为作理性决定进行的信息收集行为。没有这样的信息，丹尼对外界发生的一切将一无所知，而他所不知的世界很可能充满机会。也许他正如大多数人一样，害怕改变。他应该注意，在人生的哪些时刻必须作出改变，而且要明白，在这样的时刻，他将怎样以最佳方式应付局面。

事实上，丹尼的害羞也包含了他对建立人际关系的抗拒。害羞的人需要非常策略的方法克服害羞，在开始前要作好充分准备。丹尼应该草拟一份两分钟的描述，说明自己为什么想与某人交谈，并作记录。然后，既然丹尼的妻子鼓励他离开目前的职位，在开始的几次，他可以与妻子一起排练，进行角色扮演。开始时，丹尼应该与感觉相处最舒服的人进行交谈；与几个人会面后，人际交往就会变得较为容易。

丹尼有了解决方案。现在他应该走出去，去发现问题。这并不是闲谈，而是很好的调查。

2. 真的为建立人际关系作好准备了吗?

苏珊·G.帕克

Susan G. Parker

2. 真的为建立人际关系作好准备了吗?

苏珊·G. 帕克

每隔周的周三早上7点,丹·瓦尔德斯(Dan Valdez)和联盟团队(The Alliance)的其他成员会碰面。人际关系小组的这23个成员的观点反映出休斯顿(Houston)的商业多样化,他们聚到一起为了一件事,而且只为一件事情,即帮助他人扩大业务。

像联盟这样的人际关系团队的存在已经有很长一段时间了。本杰明·富兰克林(Benjamin Franklin),一个印刷工,他拥有一个人际关系团队,包括一位作家、一个测量员和一个皮鞋匠。多年来,这个团队每周五聚会讨论政治、道德、哲学,以及“更广泛的建议来发展我们对业务的特殊兴趣”,富兰克林在他的《富兰克林自传》(*Autobiography*)中这样写道。

比起由地区商业协会举办的人际关系活动,人际关系小组是推出业务的途径更正式。虽然人际关系小组不尽相同,但它们有以下的一些特征:

- 在小组里，为消除成员间的竞争每个专业只有一个代表。
- 每周或每半个月聚会一次，而且拥有俱乐部运作的正式规则。
- 成员一般要求参加大部分的聚会，而且彼此介绍业务。如果他们没有做到，他们将被要求离开小组。
- 小组成员一般有 25～30 人，能提供广泛的业务介绍而又不至过于庞大。

互助互利

这些小组与其他人际关系组织的不同是，这些小组明确地要求成员互相帮助。事实上，这是他们成立小组的第一准则。

密歇根大学安娜堡分校(the University of Michigan, Ann Arbor)的组织行为和社会学教授、美国密歇根州州 HUMAX 集团(HUMAX Corporation)研究项目的研究主管韦恩·贝克(Wayne Baker)说，如果有人参加小组只是为了取得他人的帮助，他将很快被轰走。贝克说：“通过研究，我们发现，在这些小组中比较成功的人，也是对他人的成功作出投资的人，他们也能多次取得成功。”

在联盟的一次会议上，一个成员就自己的业务作了一次演讲。当他演讲的时候，其他成员在纸上写上自己认为可能给演讲人提供工作的被推荐人的名字。然后，进一步展开工作，成员与演讲者及被推荐人之间安排会面。帮助企业主重振低迷公司的瓦尔德斯说，个人交往范围波及面比较大。

一位提供薪水服务的小组成员有个客户，其企业遇到了困境。这个成员安排了一次有他自己、客户和瓦尔德斯参加的午餐聚会。

瓦尔德斯说："这个成员比我更了解其客户的业务，所以当我解释我所能做的事情时，这个成员就能告诉他的客户我将怎么帮助他走出困境。"瓦尔德斯说，自他在 2001 年加入这个小组，小组已经为他带来了 100 000 美元以上的业务。

"这个小组最低带给我 15%的年业务量。"瓦尔德斯说，他现在是休斯顿一家顾问公司——哨兵顾问公司(Sentry Group Advisors)的经理。"这个小组也给我带来了极大的舒适感和自信，因为在这里我有一个有效的销售团队帮助自己巩固业务。如果我因为太多的客户量而没有时间进行营销，这个小组就会给我提供相应帮助。"

联盟，正如其他人际网络小组一样，对接受成员有着自己的规则。除了像法律这样存在多个互不竞争的专业领域外，在一个小组内，一个专业只能有一个代表。成员必须在服务行业工作，而且直接与其他公司有业务往来，而不是对顾客进行直接的业务销售。每个季度，每个成员必须至少参加60%的会议。每个成员必须在休斯顿生活3年以上，而且要被其他小组成员视为一个有技能的人。

换种说法就是，每个新成员必须给小组带来新的东西。成员也必须在他们各自工作中处理中、高层管理关系，目的是为了帮助小组成员了解该公司。

俱乐部成员必须应付
他们各自工作中的中高级管理层。
目的是为了让俱乐部其他成员
能通过准入这一关。

这种小组结构已经获得利益。瓦尔德斯说，小组自2000年6月成立以来，已经为小组成员创造了相当于300万美元的业务。

帮助小组创收

一个分行经理曾向长岛州立银行(State Bank of Long Island)副经理道格·弗吉斯(Doug Vergith)讲述了某人怎样戏剧性地增加了自己的客户量，自此道格相信了人际关系小组的价值。从那后，他为五个分行经理和两个业务发展员支付了俱乐部的会员费。

弗吉斯（Vergith）指出，在与花旗银行（Citibank）和富利（Fleet）这样的银行比起来，他的银行属于较小的组织。银行集中在中小型业务上，给顾客提供个性化服务以突出自己的特色。他说，宣传该类型服务的最好途径就是通过一对一的会面或是亲口转述的业务介绍，而不是大型的宣传活动。

在加入人际关系网络小组的第一年，一个分行经理带来了七个新的公司经营客户，占了该分行当年业务量的1/3。

艾里斯·泰比（Iris Taibbi）是向弗吉斯推荐人际关系小组价值的第一人，她说，她70%的新客户来源于她所在的小组，该小组是纽约亨廷顿站（Huntington Station，UK）美国商业协会（American Business Associates）的一部分，在纽约和长岛开展专业的人际关系管理。

泰比，长岛州立银行副经理助理和纽约希尔布鲁克（Hilbrook）分行经理，她也想了解其他俱乐部成员的新型销售方法和普遍错误。她说："每次小组会议后，我都会得到鼓舞。"例如，"我能告诉自己的员工其他销售人员由于穷追潜在客户而遭遇的艰难时期。所以我们不必再犯同样的错误。"

小企业业主唐·克拉克（Don Clerc）也看到了运用

人际关系网络能得到可观利益。他曾在大型企业工作了18年，当他在5年前创办自己的家庭计算机咨询业务时，学会建立人际关系网络成为必须。自此，他加入了三家人际关系小组，而且他的妻子也在和他一起创业，她也加入了另三个小组。

克拉克要求自己的员工也加入人际关系小组。他为员工参加聚会以及与其他成员共进午餐提供机会，并支付报酬。

投入的时间和金钱是值得的。他说，人际关系小组已经直接或间接地为公司创造了80%的业务。

寻找一个人际关系小组

怎样寻找一个人际关系小组呢？进行人际交往。《创建人际关系网络》(*Power Networking*)合著者，唐娜·费希尔(Donna Fisher)说，问问自己认识的人，谁是其所在小组里比较成功的一个？人际关系网络俱乐部可能由一群人自己组成，也可能由专业小组运作，例如美国商业协会(American Business Associates)就是这样的小组。专业小组收取比较高的会员费，但是他们也确保了稳定的领导和对人际关系俱乐部的精心组织。

为成立人际关系俱乐部，费希尔提出了以下建议：

- 列出一张在业务中认识的关键人物的名单，这些人是自己崇拜的、信任的，并希望加入人际关系小组。
- 把名单压缩到 10 个人选，然后再压缩到 5 个。找到愿意建立人际关系小组的这 5 个人。
- 举行会议，在会议上草拟规章制度和方针。要求每个人对小组作出承诺。
- 要求每个成员在今后的 6 个月内带来两个新成员。

“小组越具组织结构，就越能顺利地开展工作，”密歇根大学安娜堡分校组织行为和社会学教授，韦恩·贝克（*Wayne Baker*）说，“一个好的人际关系小组会拥有具体的规则和程序使成员一起开展工作。不能顺利进行工作的小组是因为有太多的闲谈者。”

带薪社交时间

《创建人际关系网络》的合著者之一，唐娜·费希尔说，这些小组，除了带来业务利益外，还发挥着重要社交工具的作用。“人类的一个基本需要就是从属感，感到自己比想像中强大，有一个可以让自己作出贡献并体现自己价值的地方，”她说，“我们都需要感到自己与他人相关。”

费希尔曾是休斯顿另一家俱乐部温莎俱乐部(The Windsor Club)的成员,在这家俱乐部有着10年的会龄。在每个会议上,成员都会介绍自己,并认可小组内每个曾与自己一起工作,或者曾给自己介绍业务的成员。

“我们认为人们互相欣赏和表达感激之情这点很重要,”费希尔说,“这把我们联系在一起。当我们被认可时,我们就会想对被认可的事情付出更多努力。这将支持小组的继续发展。”

去年,在一个成员的生日聚会上,所有其他成员告诉庆祝生日的人,他们从其身上所学到的东西。而且有个人还把这些话写了下来,送给过生日的成员。

温莎俱乐部的成员同时也组成了由5～7人组成的圆桌小组。这些小组对彼此的业务发展发挥着参谋的作用。在每月例会上,每个成员扼要地介绍自己业务的最新发展,其中一个成员会作一个30分钟的演讲,对其业务进行详细介绍。这是成员提出他们面临的问题的时机。圆桌会议的其他成员会给出自己的建议。每月,会员还单独地会面,共进午餐。另外,小组每月还组织社交活动,例如去剧院或爵士俱乐部,或者一起吃顿便饭,或者一起参加烹饪课程。

费希尔说:“我们希望人们能相互了解。人们愿意和自己了解、喜欢和信任的人一起工作。”

“我们希望人们能相互了解。
人们愿意和自己了解、
喜欢和信任的人一起工作。”

3. 约见新的教练——这是一个关系网络

吉姆·比林顿

Jim Billington

3. 约见新的教练——这是一个关系网络

吉姆·比林顿

教练？不就是一个头发花白的高级副经理，能够帮助你从一个业务员一直坐上CEO的位子的人吗？很抱歉。传统的教练和新手之间的关系已经是过去时了，虽然这种关系还没有完全消失，但已不再像以前那样普遍。这与公司重组、更为平坦的组织结构，以及花白头发高级副经理人都有着关系。

所以，谁将会给你提供辅导，并带领你经历有时甚至可以说是折磨人的职业迷途呢？越来越多的专家会提出"关系网络"和"交际"这样的词眼作为回答。但是使自己全身心地投入人际关系网络，或者在人际交往后重新塑造自己，并不是一件容易的事。

一些有思想的作者提供了理智的选择：建立关系网络，但这只是和教练建立关系的狭窄网络。在这个网络中，需要三个人：一个教练，应当是公司内部的人，一个是已经掌握了自己所在领域专业技能的人，还有一个是有着令自己向往的职业生涯的人。那么怎样寻找这三个人呢？

为最大程度地得益于教练，自己首先得成为教练

在把教练刻画成一个智慧老人帮助充满幻想的年轻人这样的漫画里，在成为新手前自己首先是一个教练，这点看起来几乎是本末倒置，但是根据《教练》(*Mentoring*)一书的作者，弗洛伊德·威克曼(Floyd Wickman)和特里·肖丁(Terri Sjodin)认为，要成为最好的新手，自己首先得是一个教练。教练和新手的关系对双方来说，都可以是无价的。这种关系，至少在起初的时候，要求教练比新手付出得多。如果新手本身在此过程中也在不断给予，那么就能成为更好的新手。这两个作者提供了选择新手时需要考虑的四个关键问题：这个人是否

- 尊重你的时间；
- 对你提供的信息采取相应行动；
- 尊重你的才能；
- 并把你的这些技能传给他人。

对新手来说，这些要求是苛刻的，但它们强调了关键一点。辅导在给予有价值的东西。新手必须欣赏这种付出，足够尊重教授的时间，并乐意分享教授的知识。

疑虑能破坏很多教练与新手间的关系。新手是否会超越自己？教练是否会严守关键信息？一个好的新手能理解并感激知识从一个人传递到另一人间付出的代价，而且知道怎样抚慰这个知识传递者，以消除教练的担忧。领悟这点的最好方法，就是让自己也成为教练。新手不一定必须是在公司内不如他人，这个人可以是不同于自己专业的毕业生，或者是在志愿工作中认识的年轻人。

由于你已经积累了作为教练的经验，在考虑选择自己教练的标准时，就可以应用这些经验。威克曼和肖丁提供了一个 21 步的过程去定位和招募一个合适的新手。这 21 步法，从调查被选人的背景、主动打第一个电话，到最后请求建立教练和新手关系，都提供了详细的介绍。这个过程看似不能千篇一律地进行应用，那么它确实是这样。但这个过程或多或少能起到作用，他们的有序思考方式能帮助我们组织自己的优先选择。

公司教练

在《重组世界的 7 个生存技能》(*7 Survival Skills for a Reengineered World*)一书中，威廉·耶曼(William Yeomans)形象地描述了昔日教练的近黄昏之景，某个高于自己两到三个职位层次、并与自己不存在必要指挥链关系的人，对自己的职业突然萌发了父辈的关爱："这个高高在上的人，由于担忧自己的职业前途，并不会有足够时间或是耐心给予他人辅导。而且，这些教练可能会担心自己会输给比自己年轻、报酬也比自己低的新手而丢了工作。"

但还是可以找到公司内部教练。关键因素是要消除教练担心自己所学有朝一日会帮助他人胜过自己这一顾虑。一个方法，就是找到一个刚退休不久，但在公司内还有巨大影响的人。另一办法是寻找一个与自己有着一致目标的教练，由于某种原因或目的，与自己有着相互关联的利益关系，而且两人潜在的努力方向也一致。在《结盟的力量》(*The Power of Alignment*)中，乔治•拉博维茨(George Labovitz)和维克托•罗森斯戈(Victor Rosansky)引用了一个很好的与教练无关的例子，说明目标一致能帮助组织内部消除疑虑：福特公司在1993年的雷鸟开发过程中，提出了一个明确的目标：制造一辆让每个员工都能自豪地驾驶的汽车，这一共同目标克服了权利妒忌和官僚暗斗。

公司赞助的培训项目，虽然与传统的辅导关系相比显得有点强迫，但也能促进一致目标的达成。威克曼和肖丁对2 400家人生保险代理作了一项研究调查，研究表明，教练使新雇员提高了效率和成功率，但并没有影响教练的成功率。

除了从帮助他人中得到的满足感，从新手那里学到东西的可能也是人们想成为教练的另一动机。虽然新手的职位可能低于教练，但这个下属却掌握着重要的最新知识，能使高级管理者受益。除了他们的技术性技能，下级员工对“基层”生活还有着深刻的见解，而这也能使位于高职的组织管理者受益。应该尽量使教练和新手的关系发展成合作关系，而不是单向的知识获取关系。

专业教练

专业教练能帮助新手培养在其领域的专长，并使之不断得到磨炼。专业教练可以是，也可以不是公司内部或行业内的人，但此人一定掌握着较高水准的专业技能。与这种教练的关系不会像公司教练关系那样紧密，但却能保持更长时间。由于这种教练关系的首要满足条件是帮助他人在发展其技能的同时获得成功，这样的教练必须非常看重并乐意教导他人。在教授过程中，教练为了教导他人，会努力保持自己在专业技能上的优势，并从中受益。同时，教练必须对自己的职业道路有足够把握，不会因为新手而感到威胁。行业和专业组织为寻找这样的教练提供了理想的场所，而且使教练和新手有一定理由进行周期性的会面。在商学院建立的关系也可以成为这样的辅导关系。《教练、辅导和管理》(*Coaching*, *Mentoring*, *and Managing*)的作者,威廉·亨德里克(William Hendricks)建议应用“小组教练”的概念,教练不再只是一个人,而是个人为了发展技能加入的一系列协会。

职 业 教 练

既然在职业生涯中,至少换一次工作是完全可能的,而且还可能同时改变职能,那么寻找职业教练是很有帮助的,这样在定义自己职业方向的时候,就有一个理想的榜样可以作为参考。这个教练,是今后 10 年或 20 年后,自己在工作生活中想成为的人。职业教练可能在自己所在行业,也可能在其他行业,可以在自己所在的专业领域,也可以在其他领域。最关键的一点是,职业教练代表了自己对成功的定位,而且对这种职业成功的仿效是有希望的,同时也是现实的。

选择职业教练需要深思熟虑,这个过程超出了前面提到的寻找过程范围。个人必须对成功进行定义,这就意味着要找到自己最看重的东西,然后寻找代表这样成功的人。确定这个代表自己对成功定义的人,并说服这个人给予自己建议,这也许是在职业生涯中需要建立的最关键的联盟。很明显,需要寻找的是真诚愿意提供教练的人。对教练而言,其利益并不是知识交流，而是因感到自己能给他人留下珍贵东西而得到的精神回报。总部设在华盛顿州的退休高级管理者服务集团（Service Corps of Retired Executives，简称SCORE），是比较理想的寻找职业培训的地方。SCORE为商界人士提供正式而规范的培训项目。

虽然目前寻找合适的教练并不容易，但是他们仍旧是职业生涯的无价资产。不要把所有希望都寄托在一个教练身上，但也不必寻找太多教练。一个公司内部教练、一个专业技能教练，以及一个职业教练就能建立一个狭窄却可以不断扩展的关系网络。

参考阅读

Coaching, Mentoring and Managing by William Hendricks (1996, Career Press)

Mentoring by Floyd Wickman and Terri Sjodin (1997, McGraw-Hill)

The Power of Alignment by George Labovitz and Victor Rosansky (1997, John Wiley & Sons)

7 Survival Skills for a Reengineered World by William N. Yeomans (1996, Dutton)

4. 身处继任岗位

丹·西恩帕　迈克尔·沃特金斯

Dan Ciampa　Michael Watkins

4. 身处继任岗位

丹·西恩帕　迈克尔·沃特金斯

某一时刻，某人可能还是一个受高度评价，并准备接替行政总裁的第二把手高级管理人，但不久就可能被解雇，或者离开公司“去寻找其他机会”。

究竟哪里出了问题？第二把手提前离职事件的高频率出现，证明了这个研究结果：被希望接任执行总裁的第二把手高级管理人，一般会在五年内离开公司，从此错过最高职位。更令人惊讶的是后来进入公司，并成为第二把手的人的成功率：五年后，只有24%的人成为CEO。

这些第二把手大多都有才能，有精力，有自信，他们坐上这个位子是依靠自己实力争取到的机会。但是为什么这么多人在最后会失败呢？主要的原因是，第二把手不能把握影响继任的政治动态。下面两个例子可以说明这个问题。

一家在电子公司新上任的高级副经理，以为自己可以接任CEO的职位。第一年，他和CEO至少每周会面一次，几乎是共同讨论每个决定。CEO赞同他提出的每个发展步骤，并且赞赏这个高级副经理在关键时刻作出的非常决定。而14个月之后，这个高级副经理震惊地得知，自己被解雇了。他发现，另两个与CEO有亲密关系的高级副经理从中作梗。他们的抱怨是：这个高级副经理在危及到他俩权利基础的领域发展太快。

一家世界500强公司的财务部门，事实上也是这家公司惟一处于发展中的部门，公布了令人印象深刻的结果。一个即将接任母公司CEO职位的部门经理，断定她的部门需要扩大分销渠道。在探索潜在的战略同盟时，她发现，通过引进另一家公司并让其成为小股东的方法可以使自己部门获得更大发展。在她把自己的分析汇报给CEO后的一个月，这个部门经理被解雇了，理由是，由于她建议母公司减少股份，被视为不忠于公司。

为组织确立一个具有竞争性的目标，仅有出色的管理技巧和能力还不够。要在领导权密集的雷区驰骋，一个有抱负的CEO必须建立联盟关系。一旦管理人员被视为第二把手，并准备坐上最高位子，就必须准确地分析环境。然后，在公司领导层建立一支至关重要的支持队伍，为自己对公司发展方向的规划争取拥护者。成功的第二把手一般具有以下的政治技能：

他们意识到行政总裁掌管着自己接任最高职位的

钥匙，所以与之建立了良好的工作关系。

他们帮助自己的同事获得成功，哪怕这些同事也在竞争行政总裁一职。这就向行政总裁和董事会证明，作为第二把手的他们有着成为第一把手的成熟和自信。这也使他们在同事中建立了“关系资产”。

他们还延伸管理范围，去影响整个公司的中层管理人员，而且在作决定时，会考虑这些中层领导的需要。通过争取公司中层管理的支持，成功的第二把手能避免自己的计划中途夭折。

他们处理对公司业务有着重要作用的问题，并提出员工关心的问题，以此建立自己的信用度。有时他们会发出棘手、不受欢迎，但员工却觉得非常必要的呼吁。但是他们也知道在真正成为第一把手前，不能强力推行可能会危及 CEO 神话，或是自己忠实支持者未来的改变。

他们不蔑视现在的公司文化或者创建这些文化的人，即使他们的命令从根本上改变了组织。

公司的人力资源人员、董事会，甚至是行政总裁对继任的成功一般起不了多大作用。一个有抱负的行政总裁必须担负起成功转换权利的责任。没人会像继任者本身那样，为失败的继任付出代价。他在拥有问题的同时也必须要拥有解决问题的方案。

作者简介

作者简介

吉姆·布瓦洛(Jim Biolos) 《哈佛管理前沿》撰稿人。

汤姆·布朗(Tom Brown) 《哈佛管理前沿》撰稿人。

丽贝卡·M. 桑德斯(Rebecca M. Saunders) 纽约自由撰稿人。

戴维·斯托弗(David Stauffer) 蒙大拿雷德洛奇市作家。

吉姆·比林顿(Jim Billington) 《哈佛管理前沿》投稿人。

蒙西·J. 威廉斯(Monci J. Williams) 《哈佛管理前沿》撰稿人。

康斯坦丁·冯·霍夫曼(Constantine von Hoffman) 《哈佛管理前沿》撰稿人。

苏珊·G. 帕克(Susan G. Parker) 在美国马萨诸塞州剑桥生活和工作的自由记者。

丹·西恩帕(Dan Ciampa) 管理顾问。

迈克尔·沃特金斯(Michael Watkins) 哈佛商学院助理教授,《自一开始,就正确把握新的领导职责》(*Right From from the Start*: *Taking Charge in a New Leadership Role*)(Harvard Business School Press, 1999)合著者。